Menschenwürde: das uneingelöste Versprechen

Menschenwürde:

das uneingelöste Versprechen

Erfahrungen, Anfragen, Deutungen

Herausgegeben von
Otto W. John

Katzmann Verlag Tübingen

CIP-Kurztitelaufnahme der Deutschen Bibliothek

Menschenwürde: das uneingelöste Versprechen:
Erfahrungen, Anfragen, Deutungen / hrsg. von
Otto W. John. – Tübingen: Katzmann, 1987.
ISBN 3-7805-0431-6

NE: John, Otto W. [Hrsg.]

Redaktion: Christiane Schniewind

Satz: DaviData, Kusterdingen, und
Knipp, EDV-gesteuerter Lichtsatz, Wetter
Druck und Einband: Difo-Druck, Bamberg
Printed in Germany 1987
ISBN 3-7805-0431-6

Inhalt

Otto W. John Gegen die Entwürdigung 9

Aart H. van Soest Anders als erwartet 11

Ernst Benda Menschenwürde: Begriff und Inhalt 14

Joseph Schupack Majdanek 17

Heinz Galinski Die Menschenwürde schützen 24

Karl Weishäupl Behindert 27

Hans-Ulrich Klose Ein funktionierendes Gewissen 30

Matthias Wissmann Ein universelles Axiom 32

Otto Buchinger Nicht vom Menschen selbst 35

Friedhelm Hasenburg Nicht ohne Hoffnung 40

Ulrich Beer Unverdient und unverlierbar 42

Walter Scheel Wir müssen uns entscheiden 45

Petrus Ceelen Der Affe im Zoo kann froh sein … 48

Richard Stücklen Menschsein bedeutet Personsein 52

Karl Martin Soldat und Menschenwürde 55

Martin Walser Die Würde am Werktag 61

Norbert Blüm Dem Menschen steht ein Recht zu 65

Rainer Offergeld An die Utopie glauben 71

Alfred Hans Kuby Erfahrungen 74

Walter Bargatzky Das Außerordentliche 76
Joseph Kardinal Höffner Bild Gottes 79
Nina Rauprich Fee 81
Luise Rinser Gefängnistagebuch 84
Matthias Scherzer Schulalltag 89
Hermann Höcherl Holperige Versuche 92
Hartwig Drude Christliches Menschenbild? 94
Helmut Frenz Mehr oder weniger Menschenwürde 96
Elisabeth Baden Was war mit mir? 99
Alois Brems Ecce homo 102
Dieter Voll Ein Mensch ist verletzbar 103
Matthias Walden Ohne Freiheit nicht herstellbar 105
Rudolf Schwarz Die kleinen alltäglichen Schritte 107
Eberhard Müller Votum 111
Werner Spoerl Menschenwürdiges Sterben 112
Die Autoren dieses Buches 115

Die Würde des Menschen ist unantastbar. Sie zu achten und zu schützen ist Verpflichtung aller staatlichen Gewalt.
Das Deutsche Volk bekennt sich darum zu unverletzlichen und unveräußerlichen Menschenrechten als Grundlage jeder menschlichen Gemeinschaft, des Friedens und der Gerechtigkeit in der Welt.

Grundgesetz für die Bundesrepublik Deutschland, Art. 1, Abs. 1. 2

Alle Menschen sind frei und gleich an Würde und Rechten geboren. Sie sind mit Vernunft und Gewissen begabt und sollen einander im Geiste der Brüderlichkeit begegnen.
Jedermann hat Anspruch auf die in dieser Erklärung proklamierten Rechte und Freiheiten ohne irgendeine Unterscheidung, wie etwa nach Rasse, Farbe, Geschlecht, Sprache, Religion, politischer oder sonstiger Überzeugung, nationaler oder sozialer Herkunft, nach Vermögen, Geburt oder sonstigem Status.

Allgemeine Erklärung der Menschenrechte der Vereinten Nationen, Art. 1. 2

Und Gott sprach: Lasset uns Menschen machen, ein Bild, das uns gleich sei ... Und Gott schuf den Menschen ihm zum Bilde, zum Bilde Gottes schuf er ihn.

Genesis 1, 26.27

Otto W. John

Gegen die Entwürdigung

Es fällt nicht schwer, dem zuzustimmen: Jeder Mensch hat ein Recht auf ein persönliches Leben.
Aber leiden wir heute nicht alle unter dem Eindruck, daß der einzelne Mensch fast nichts mehr bedeutet? Die Zeitungen berichten von Kriegen, Revolutionen, Umweltkatastrophen, von der Massenkultur und ihren verheerenden Folgen. Schlagzeilen machen nicht die Geschicke Einzelner, höchstens die einiger Prominenter, die rasch wieder aus dem Gesichtskreis verschwinden, wenn die Sensation verpufft ist. Schlagzeilen machen die viel größeren und bewegenderen Fragen der Tagespolitik, der Weltgeschichte und der gesellschaftlichen Veränderungen.
Genau hier liegt der neuralgische Punkt. Der einzelne Mensch mit seinen Fragen und Nöten, mit seinen Hoffnungen und mit seinem Leiden kommt nicht mehr in den Blick. Sein Leben wird bagatellisiert. Er selbst fühlt sich von dieser Anonymität erdrückt. In der Stadt und auf dem Land lebt er letztlich allein. Er schlägt sich mit seinen Problemen durch, so gut er kann. Der Schrei aus Einsamkeit und Bedeutungslosigkeit, aus Verbrauchtheit und Krankheit kommt aus allen Bevölkerungsschichten und Lebensaltern.
Wir sind rasch bei der Hand mit der Forderung nach mehr Menschlichkeit. Aber müßte diese Menschlichkeit nicht gerade mit den Alleingelassenen, Vergessenen, Abgeschriebenen beginnen?
Die Bibel spricht von unserer Erde als dem einzigartigen Schöpfungswerk und vom Menschen als dem Ebenbild Gottes. Vor ihm hat jedes einzelne menschliche Leben seine Bedeutung, seine Würde und seine Bestimmung. Der zunehmen-

den Entwürdigung des Menschen und der Zerstörung der Schöpfung entgegenzudenken und entgegenzuhandeln, bleibt unsere Aufgabe, wenn wir auf dieser Erde überleben wollen.

Aart H. van Soest

Anders als erwartet

Die Trage, worauf man sie zum kleinen Krankenhaus im afrikanischen Busch gebracht hatte, war ein Mattengeflecht. Es war ein langer Fußmarsch gewesen: fast zwei Tage. Das hatte ihr gebrochenes Rückgrat wohl kaum verbessert. Und nun, da sie im improvisierten »Unfallbett« lag, war es bald deutlich: Querschnittläsion des Rückenmarks mit den bekannten Folgen.

Es fällt schon einer Gesellschaft wie der westeuropäischen, über der wenigstens hier und da ein Anstrich christlicher Barmherzigkeit liegt, schwer, Menschen zu akzeptieren, die Urin- und Stuhlabgang nicht kontrollieren können, die nicht mehr gehen können, die manchmal ausgedehnte Geschwüre haben. Man braucht, um zu erfahren, wie ein paar Schließmuskeln die Menschenwürde drastisch herabsetzen können, sich nur im entsprechenden Alterspflegeheim umzusehen.

Aber noch viel tiefer von der Stufe des akzeptiert Menschlichen -- so meinen es unsere europäischen Augen zu sehen — fällt solch eine Kranke, die in einer afrikanischen Gemeinschaft zu Hause ist. Gerade am Allermenschlichsten, an der Vitalität, hat sie keinen Anteil mehr. Und wie soll sie — mit schätzungsweise 25 Jahren — die verlorene Vitalität durch die hier ebenfalls hochgeschätzte Weisheit des Alters ersetzen?

Wir meinen ihr Schicksal zu kennen: die Vernachlässigung und dann das unwürdige Verenden, das Dahinsiechen im eigenen Schmutz.

Nach einer Woche setzt der erwartete Prozeß auch schon ein: Die vielen Begleiter gehen heim, nur der Ehemann bleibt noch zurück, auf eine Besserung hoffend, die nicht kommen wird.

Und schließlich, eines Morgens, ist auch er verschwunden und die Frau bleibt allein: völlig abhängig, eine Belastung für die Pflege, eine Quelle des Ekels.
Langsam entstehen um sie herum die Gerüche und sonstigen Zeichen der Unwürde, des Verfalls.
Die tägliche Visite des Arztes wird mehr und mehr zu einer Pflichtübung.
So kommt dann der Tag, an dem eine plötzlich aufgetretene Lungenentzündung den Anfang der Erlösung zu bringen scheint. Der Arzt greift nicht zum Antibiotikum, das das Leben retten könnte; denn damit würde er nach seiner festen Überzeugung den Zustand der Unwürdigkeit für diese Frau nur verlängern. Die Krankenschwester aber, die für die Versorgung dieses »menschlichen Wracks« die pflegerische Verantwortung trägt, verweigert den Entschluß, nicht zu behandeln.
Erst als das Fieber nach einigen Tagen aufhört, die Atmung ruhiger wird, das Husten nachläßt, erfährt der Arzt, daß sie der Patientin nicht wie verordnet Morphium, sondern Penicillin gespritzt hat. Und der Leidensweg der Frau geht weiter. Sie wird zum festen Bestandteil des einfachen Krankensälchens: fortwährende Erinnerung an das paracelsische Diktum: »Der Mensch, zum Umfallen geboren« — fortwährende Mahnung auch, wie schwierig wir es haben, uns mit der Menschen*un*würde auseinanderzusetzen; gerade auch dann, wenn wir den Menschen würdigen wollen.

Und dann kehrt eines Tages — warum? — ihr Mann zurück. Er sitzt einen Tag lang neben dem Bett, redet mit ihr in der allen unbekannten Sprache ihres kleinen Volkes. Danach beteiligt er sich wortkarg aber tüchtig an allerlei Arbeit, die es im Krankenhaus zu tun gibt: er hackt Holz für die Küche, jätet den Spitalgarten, trägt Wasser. Allmählich übernimmt er auch Handgriffe bei der Pflege seiner Frau: die Hautversorgung, das Wechseln der Windeln. Und eines Tages trägt er

– der sonst so Schweigsame – eine »untertänigste Bitte« dem Arzt vor: ob er wohl aus dem kaputten Auto, das hinter dem Pumphaus steht, den Vordersitz herausnehmen darf? Er möchte ihn »verwenden«.
Bei der Visite am nächsten Tag ist die Frau nicht da. Sie sitzt – wer wagt es zu sagen: sie hängt? – neben ihrem Mann auf dem verschlissenen Autositz, den er unter den hohen Palaverbaum gestellt hat, von drei, vier Holzpflöcken sichergestellt. Und als »die Visite« dorthin geht – leicht triumphierend die Schwester, etwas beschämt der Arzt –, da lächelt die Frau. Sie lächelt, so wie einer lächelt, der geschätzte Gäste im eigenen Hof empfängt, nicht herabsetzend oder verlegen, sondern als eine, die sich ihrer Würde bewußt ist.
Einige Tage später haben sie sie heimgeholt – auf der Autobank haben sie sie heimgetragen, zwei Tage Fußmarsch. Und zu Hause ist sie dann zwei Wochen später gestorben. Und seitdem weiß zumindest dieser Arzt ein wenig besser, wo die Menschenwürde *nicht* aufhört.

Ernst Benda

Menschenwürde: Begriff und Inhalt

Die bisher vorliegenden Versuche, die Menschenwürde zu definieren, knüpfen an die Frage an, was das spezifische Wesen des Menschen ausmache, und schließen nicht selten mit dieser Feststellung ab, ohne eine weitere Antwort zu geben. Da das Grundgesetz selbst die Würde des Menschen ohne weitere Erläuterung voraussetzt und diese keiner weiteren juristischen Definition zu bedürfen scheint, besteht die Gefahr einer aus der jeweiligen subjektiven weltanschaulichen oder ideologischen Position entwickelten Inhaltsbestimmung des Art. 1 Abs. 1 GG. Angesichts der zentralen Bedeutung dieser Verfassungsnorm für Auslegung und Verständnis jeder grundgesetzlichen Bestimmung muß bei aller Anerkennung der Schwierigkeiten, die einer eindeutigen Antwort entgegenstehen, eine Lösung gesucht werden, die der Funktion des Art. 1 Abs. 1 innerhalb der Verfassungsordnung entspricht. Die juristische Interpretation wird dabei an die im Entstehungszeitpunkt des Grundgesetzes herrschenden rechtsethischen Vorstellungen anknüpfen, die ihrerseits unter dem Eindruck der 1945 vorgefundenen historischen Situation standen; sie muß aber auch die seitdem eingetretenen Wandlungen oder Konkretisierungen der Auffassungen berücksichtigen. Zweifellos ist das Bekenntnis zur Menschenwürde durch die Verachtung und Erniedrigung des Menschen in der Zeit der nationalsozialistischen Gewaltherrschaft geprägt; es bestand Einigkeit darüber, daß nach den Erfahrungen des »Dritten Reiches« der Mensch niemals wieder zum Objekt einer Gemeinschaftsideologie degradiert werden dürfe. Es versteht sich daher von selbst, daß etwa Folter oder Sklaverei die Menschenwürde mißachten. Wenn das Bundesverfassungsgericht in einer sehr

frühen Entscheidung darlegte, daß Art. 1 Abs. 1 nicht eine Pflicht des Staates zum Schutz vor materieller Not, sondern gegen Angriffe auf die Menschenwürde durch andere, wie Erniedrigung, Brandmarkung, Verfolgung, Ächtung usw. meine, so entsprach das ganz dem damaligen Verständnis der Norm als einer Reaktion auf das historisch erfahrene Unrecht.
Auch in einer rechtsstaatlichen Ordnung, die solche offenkundigen Verletzungsvorgänge ausschließt, muß gleichwohl mit der Gefahr von Willkürakten gerechnet und diesen begegnet werden. Es entspricht der Erfahrung auch in demokratisch-rechtsstaatlichen Gemeinwesen, daß Angehörige rassischer oder religiöser Minderheiten oder sonst am Rande der Gesellschaft lebende Menschen wie psychisch Kranke, Asoziale oder straffällig Gewordene am ehesten gefährdet sein können; auch auf diese Erfahrung reagiert Art. 1 Abs. 1. Wenn man die Verfassungsnorm im Sinne der personalen Wertethik auf der Basis eines christlichen Ideals auslegt, das nicht dem Bild des Menschen, wie er ist, sondern dem, wie er nach diesem Ideal sein sollte, entspricht, dann entsteht die Gefahr, daß gerade diese besonders schutzbedürftigen Personen oder Gruppen sich eigentlich nicht auf Art. 1 Abs. 1 berufen dürften; denn diese (z. B. Triebtäter oder manche Geisteskranke) erscheinen ja als Zerrbild des zu freier sittlicher Entscheidung fähigen Menschen, wobei die konkrete Fähigkeit zu solcher Entscheidung oft das Hauptargument für die Einzigartigkeit des Menschen ist. Eine derartige Sicht ist jedoch nicht die des Grundgesetzes: Die menschliche Würde ist schon begrifflich auch den Personen am Rande der Gesellschaft eigen. Die Vorstellung vom Menschen muß sich daher mit der bescheideneren Formel von der potentiellen, abstrakten menschlichen Fähigkeit, seinen Eigenwert zu verwirklichen, begnügen. Es läßt sich somit sagen, daß Art. 1 Abs. 1 GG für jeden Menschen ohne Rücksicht auf seinen sittlichen Entwicklungsstand gilt, weil er wenigstens der Idealvorstellung nach zu sittlicher Selbstverwirklichung fähig ist. Gerade die Erfahrung des Un-

rechtssystems zeigt, daß es dem Staat verwehrt sein muß, Menschen nach ihrem vermeintlichen sittlichen Wert zu klassifizieren. In dieser Sicht ist es konsequent und entspricht der gewandelten Auffassung vom Menschen, daß der Staat sich nicht anmaßen darf, über irgendeinen seiner Gewalt Unterworfenen ein abschließendes Urteil zu sprechen.

Joseph Schupack

Majdanek

Mit Gebrüll wurden wir von SS-Männern empfangen, mit Stößen von Gewehrkolben aus den Waggons getrieben: »Raus, raus, ihr Schweine, ihr Judensäue!« Die Männer wurden nach rechts, die Frauen und Kinder nach links gestoßen. Ein letztes Mal sah ich mein Kind, dann war es in der großen Schar der Frauen und Kinder verschwunden.
Der erste Anblick der Häftlinge im Lager war erschreckend. Fast alle hatten Bartflechte, was für mich neu war. Die Gesichter sahen aus wie mit billiger brauner Farbe bestrichen. Einige trugen Streifenanzüge, andere Zivil, meistens schwarz mit dicken roten und blauen Streifen auf dem Rücken. Es war eine mir bisher unbekannte Welt. Eine Welt, in der geschrien oder gebrüllt statt gesprochen wurde. Wir mußten uns nackt ausziehen. Alles, was wir besaßen, wurde uns abgenommen. Anschließend wurden wir in ein großes Bad geführt. Danach wurde noch einmal in allen menschlichen Verstecken gesucht. Unsere Köpfe wurden kahlgeschoren, und wir bekamen die gestreifte Kleidung, gestreifte Mützen und holländische Holzschuhe. Eine Registrierung fand nicht statt, aber jeder bekam mit seiner Kleidung eine Nummer. Ich erhielt die Nummer 1377. Ich war mir bewußt, daß ich hiermit aus der Namensliste der Menschheit gestrichen war. Mein Name wurde ab sofort nicht mehr gebraucht, er konnte vergessen werden.
Majdanek war nur 70 km von Radzyn entfernt. Geologisch war diese Gegend ihres fruchtbaren Schwarzbodens wegen bekannt. Hier aber kam mir alles wie eine Art Sahara vor. Das ganze Lager war Sand. Das Marschieren in den Holzschuhen unter dem Gebrüll der SS-Wachmannschaften war ungeheuer schwer. Wir mußten etwa 3 km marschieren, bis wir Feld 4

erreichten. In Majdanek gab es vier Felder für Männer und ein fünftes, an Feld 4 angrenzendes für Frauen, das Ganze von Stacheldraht umgeben und die einzelnen Felder wiederum mit elektrischen Zäunen abgegrenzt und bewacht. In jedem Feld befanden sich ungefähr 10.000 Menschen, und jedes Feld hatte mehrere große Baracken, sogenannte Blocks. Ich landete in Block 24, ebenso auch mein Cousin Leo.
Majdanek war ein reines Vernichtungslager, allein zum Quälen und Töten bestimmt. Die Häftlinge wurden im allgemeinen zu keiner nützlichen Arbeit herangezogen, außer im Verwaltungsapparat, und hier waren nur wenige beschäftigt.
Jeden Morgen mußten wir zum Appell antreten. Die Prozedur war qualvoll, sie dauerte stets mehrere Stunden. Viele wurden dabei halbtot geschlagen. Sie konnten sicher sein, den Abendappell nicht mehr zu erleben. Danach ging es zur »Arbeit«. In unseren Holzschuhen wurden wir mit Stockschlägen in eine Ecke des Feldes gejagt und mußten einmal unsere Mützen, ein andermal unsere Jacken mit Steinen, nassem Sand oder Matsch füllen, mit beiden Händen festhalten und im Laufschritt unter einem Hagel von Schlägen zur gegenüber liegenden Ecke des Feldes bringen, das Zeug ausleeren, neues einfüllen und zur Ecke gegenüber bringen, und so weiter und so weiter. Ein Spalier von brüllender SS- und Häftlingsprominenz, bewaffnet mit Stöcken und Peitschen, ließ die Schläge auf uns herunterhageln. Es war die Hölle. Infolge der Strapazen und der Schläge gab es jeden Tag Tote und Verletzte. Sie wurden auf Befehl der Kapos an der Blockseite auf einen Haufen gelegt, damit man sie beim Abendappell mitzählen konnte. Ich fand bald heraus, daß das ein gelegentliches Entkommen bot. Sooft ich konnte, legte ich mich zwischen die Toten und Halbtoten und kam dadurch zu etwas Ruhe.
Eine besondere Tortur, verbunden mit Lebensgefahr, war das Aufsuchen der Toilette. Es war eine offene Grube, zum Teil überdacht, in der Größe von etwa 10 x 20 m. Rundherum waren hölzerne Balken von 10 cm Querschnitt im Boden befe-

stigt, auf denen die Häftlinge saßen und ihre Notdurft verrichteten. Chef der Toilette war ein Häftling, der den Titel »Scheißmeister« trug, ein prominenter alter Berufsverbrecher, der mit dem Stock in der Hand nach Lust und Laune zuschlug. Er bestimmte über die Art und die Länge des Aufenthalts auf der Toilette; Strafen erledigte er an Ort und Stelle. Aber auch andere Schläger kamen oft zur Toilette, angeblich, um dort Drückeberger aufzutreiben.
Als leichte Strafe galten Stockschläge auf den nackten Hintern oder seitlich, und zwar so ausgeteilt, daß dem Häftling keine andere Rettung blieb, als sich, mit der Hose in der Hand, den draußen laufenden Häftlingen mit dem Sand in den Mützen anzuschließen. Die andere beliebte Strafe bestand darin, dem sitzenden Häftling einen Schlag in das Gesicht oder frontal auf den Oberkörper zu versetzen, so daß er in die Scheißgrube fiel. Dabei durfte ritualgemäß gelacht werden. Soviel ich weiß, sind diese Menschen ertrunken und die Leichen nicht herausgeholt worden. So kann man aus einer Toilette eine Todesfalle machen.
Das Essen war äußerst schlecht, knapp und unregelmäßig; zudem konnte man die Hungerrationen nur unter allen möglichen Schikanen zu sich nehmen. Geschlafen wurde auf Pritschen in drei Stockwerken übereinander. Nachts durfte man nicht aus den Baracken. Sobald es dunkel wurde, wurden die Blocks geschlossen, für die menschliche Notdurft wurden in die Ecken Holzbottiche gestellt. Diese Bottiche waren jedoch so hoch, daß man sich seines Geschäfts – sitzend oder stehend – nicht entledigen konnte. Es mußten alle möglichen Tricks angewandt werden, um den Bottich zu erklimmen. Das Verunreinigen des Nebenplatzes wurde mit Schlägen bestraft. Trotzdem war der Platz nach jeder Nacht verunreinigt. Der Gestank war schrecklich. Wenn die Türen morgens geöffnet wurden, gaben das Hinaustragen der Bottiche und das Reinigen der Baracke den ersten Anlaß zum Schlagen und Quälen. Trotzdem war es im Vergleich zum Regime des Scheißmei-

sters eine Nuance leichter. Es gehörte einfach ins Programm von Majdanek, die Menschen nicht nur beim Essen und Arbeiten, sondern auch beim Benützen der Toilette zu quälen.
Nachts hörte man immer wieder die Schreie von Gemarterten und das Brüllen der Schlagenden. Vor der Nachtruhe war ebenfalls wildes Geschrei zu vernehmen, vermischt mit höhnischem Gelächter — das war die Lagerprominenz bei ihren Trinkgelagen. Unter der Nacht gab es immer wieder Selbstmorde von Häftlingen. Unvergeßlich ist mir Dr. Nick, ein jüdischer Arzt aus Warschau, bekannt und geachtet wegen seiner Hilfsbereitschaft. An einem Morgen fanden wir ihn an seinem Gürtel erhängt. Er hatte erfahren, daß seine Frau, mit der er zusammen nach Majdanek gekommen war, in die Gaskammer geschickt worden war.
Der Abendappell war dem Morgenappell ähnlich, mit dem Unterschied, daß nach dem schier endlosen Zählen noch einige Nummern aufgerufen wurden. Die Häftlinge, die diese Nummern hatten, mußten sich im Laufschritt bei der Lagerführung melden. Die SS-Männer verkündeten, welche Strafen über sie verhängt waren — meistens 25, 50 oder 100 Peitschenhiebe. Für die Auspeitschungen war ein spezieller Pritschenbock aufgebaut, auf den der Häftling so steigen mußte, daß seine Beine und sein Körper unbeweglich lagen und der Kopf herunterhing. Der Ukrainer Wanja, Häftlingsprominenter im Dienste der SS, setzte sich auf den herunterhängenden Kopf, und zwei SS-Männer mit Lederpeitschen teilten die Hiebe aus. Die zum Appell angetretenen Häftlinge mußten zusehen, hörten die Schreie des Opfers und zählten halblaut im Chor die Schläge mit. Dieser Vorgang wiederholte sich jeden Abend 10 bis 20 Mal. Häufig wurden auch Häftlinge gehängt.
Alle 14 Tage wurden wir in ein Bad geführt. Wenn wir unter den Duschen standen und auf das Wasser warteten, wurde die Zeit zu Schlägen und Hieben ausgenutzt. Ich weiß nicht, ob es absichtlich geschah, jedenfalls kam fast immer nur glühend

heißes oder eiskaltes Wasser in starkem Strahl herunter. Nach der Dusche wurden die Hemden ausgeteilt. Als es Anfang Mai noch verhältnismäßig kühl war, hatten wir ganz leichte Leinendrillichhemden bekommen. Sobald es aber warm wurde, erhielten wir Winterhemden, außen blauweiß gestreifter Drillich, innen warmer Flanell, mit Doppelleisten vorn. Diese Hemden waren schrecklich verlaust; besonders in den Leisten saßen die Läuse scharenweise. Wir schwitzten und wurden von den Tierchen fast aufgefressen. Infolge der schlechten Ernährung und des gerade überstandenen Typhus wurde ich von einer zusätzlichen Plage befallen: Ich bekam die Krätze. Krätze auf dem Kopf, unter den Armen, auf dem Po und zwischen den Fingern. Es war unerträglich. Ein Leidensgenosse gab mir eine Dose mit Schwefelsalbe, die wie Feuer brannte, mir aber etwas Linderung verschaffte. Aber am schlimmsten waren die Läuse.
Die Maschinerie des Quälens war in Majdanek dermaßen ausgeklügelt, daß die SS sämtliche Häftlinge in allen fünf Feldern des Lagers Tag und Nacht terrorisieren konnte. Weil dazu die Mannschaften zahlenmäßig nicht ausreichten, bediente sie sich der Hilfe ausgesuchter Häftlinge, die sämtlich den untersten Schichten der menschlichen Gesellschaft angehörten. Diese sogenannte Häftlingsprominenz war so organisiert, daß sic in jedem Feld einer anderen Nation angehörte. Sie ließ sich bei ihren Taten, sei es aus eigener Initiative, sei es im Auftrag der SS, zusätzlich noch von Nationalhaß leiten. So rächten sich in Feld 4 die Ukrainer an den Polen, in Feld 3 die Polen an den Ukrainern. Nur wir Juden waren von diesem internationalen Wettbewerb des Hasses ausgeschlossen. Wir gehörten überall zu den Geschlagenen.
Unvergeßlich sind mir die russischen Kriegsgefangenen, die in Feld 4, abgesondert durch einen zusätzlichen Drahtzaun, ständig unter Arrest gehalten wurden. Ich sehe sie noch, wie sie sich am Zaun festhielten, ausgemergelt, abgemagert, nach Wasser und Essen lechzend, und dann wie die Fliegen eingin-

gen. Waren es Menschen, die dieses Inferno geschaffen hatten und ungerührt solche Anblicke genossen? Ja, es waren Angehörige der SS...

In dem Teil von Majdanek, in dem ich mich bewegte, gab es keine gepflasterten Straßen, die Wege bestanden aus Sand und Kieselsteinen. Die einzigen, die auf ihnen fuhren, waren die SS-Männer mit ihren Fahrrädern, Motorrädern, Personenwagen und Lastautos. Ansonsten bestritten marschierende Häftlingskolonnen und Arbeitskommandos den Verkehr. Man sah diese Kommandos aus männlichen oder weiblichen Häftlingen, mit Stricken und Drahtseilen vor Wagen gespannt, auf denen in Holzfässern oder Holzkisten Menschenkot, Jauche oder sonstige Abfälle transportiert wurden. Die schweren Lasten ließen die Räder tief in die Sandwege einsinken, und die Seile schnitten tief in das Fleisch der Ziehenden, die wie Pferde von den SS-Wachleuten mit Lederpeitschen vorwärts getrieben wurden. Ein deprimierendes Bild menschlicher Versklavung. Diesen kahlgeschorenen, gedemütigten, verkrampften Gestalten in den verschmutzten Streifenanzügen und den häßlichen Streifensäcken hatte man die menschliche Physiognomie und die menschliche Würde genommen. Man hatte sie hierher gebracht, um sie zu verhöhnen, zu quälen, zu vernichten, bis sie am Ende im Krematorium zu Rauch und Asche wurden.

Nirgendwo im Gebiet des Lagers von Majdanek habe ich Bäume oder Rasen gesehen, geschweige denn Blumen, Obst oder Gemüse. Nichts, was grün ist, blühte, wuchs und gedieh. Es gab auch keine Pferde, Kühe, keine Katzen, Hühner, Gänse, Enten, keine Bienen, keine Vögel. Ich habe an diesem Ort kein geschriebenes oder gedrucktes Wort gelesen, keine ruhige Minute erlebt. Auch im Traum nicht. Ein Menschenleben galt nichts. Da die Opfer bereits eingezäunt waren, war der Reiz des Jagens für die Mörder nicht mehr gegeben, es verblieb ihnen nur der Spaß und die Lust am Quälen und Töten. Es war ein extra für Mord und Folter geschaffener Spielplatz, ein Reservat des Todes.

Heinz Galinski

Die Menschenwürde schützen

An der Spitze des Grundrechtskatalogs des Grundgesetzes für die Bundesrepublik Deutschland steht das Verfassungsgebot der Unantastbarkeit der Menschenwürde und ihres Schutzes durch alle Organe des Staates. Dieser ausdrückliche und den einzelnen staatsbürgerlichen Rechten vorangestellte Bezug auf die Würde des Menschen findet sich nicht in allen Verfassungen demokratischer Staaten. Daß unser Grundgesetz ihn enthält, ist auf das Geschehen der Jahre 1933-1945 zurückzuführen, auf die Zeit also, in der auf Geheiß und im Namen einer deutschen Staatsgewalt die Würde des Menschen in einer zuvor nicht gekannten Weise mißachtet und verletzt wurde.
Am stärksten und am schrecklichsten davon betroffen war die jüdische Gemeinschaft. Das ist einer der Gründe, aus denen wir seit dem Wiedererstehen jüdischer Gemeinden hierzulande immer wieder unsere Stimme erhoben haben, wenn sich Kräfte regten, deren gesamtes Weltbild eine Negation der Menschenwürde darstellt. Die Notwendigkeit, in diesem Sinne aufzutreten, ergibt sich in der Welt von heute immer wieder, und dies in einem weit stärkeren Maße, als wir dies zur Zeit unserer Befreiung von der nationalsozialistischen Gewaltherrschaft für möglich gehalten haben.
Eine Gemeinschaft mit den historischen Erfahrungen, die wir gesammelt haben, weiß, daß sie nur dort eine Zukunftsperspektive hat, wo die Würde des Menschen geachtet wird, und sie weiß auch, daß sie sich keinen Dienst erweist, wenn sie sich angesichts schwerer Verstöße gegen die menschliche Würde, denen wir in weiten Teilen der Welt heute begegnen, taub stellt. Deshalb müssen wir der Tatsache klar ins Auge sehen,

daß jetzt, da sich das 20. Jahrhundert seinem Ende zuneigt, die Staaten eine Minderheit bilden, in denen die Würde des Menschen respektiert wird. Nur in den demokratischen Staaten kann davon die Rede sein.
Wenn wir dies feststellen, dann übersehen wir nicht die Notwendigkeit, die staatlichen Organe und die Bürger demokratischer Länder vor jeder Selbstgerechtigkeit zu warnen. Gewiß sind vom Standpunkt der Demokratie aus – und dies ist ein wesentlicher Unterschied zu diktatorischen Herrschaftsformen beliebiger Prägung – Verletzungen der Menschenwürde systemwidrig. Das schließt allerdings nicht aus, daß auch in demokratischen Staaten sich Gefahren für die Würde des Menschen ergeben können. Solche Gefahren resultieren aus einem schleichenden Zuwachs der Macht bürokratischer Institutionen über den einzelnen Menschen, sie entstehen aber auch dort, wo Intoleranz die Geisteshaltung von Teilen der Gesellschaft prägt. Solche Intoleranz pflegt sich dann in der vorurteilsbestimmten Haltung gegenüber Minderheiten zu äußern, in Verhaltensweisen, durch die Menschen in ihrer persönlichen Würde verletzt werden.
Beispiele dieser Art bietet der Alltag auch einer Reihe demokratischer Staaten. Wir brauchen nur an die Gastarbeitersituation in der Bundesrepublik Deutschland zu denken.
In diesem Zusammenhang stellt sich die Frage, was gegen solche die Würde von Menschen gefährdende oder diese verletzende Haltung getan werden kann. Hier liegt gewiß eine wesentliche Aufgabe im Bereich der Schulen. Sie müssen nicht nur Wissen vermitteln, sondern auch die Wertvorstellungen, aus denen der Respekt vor der Würde des Menschen resultiert. Darüber hinaus sehe ich hier Aufgaben für die Religionsgemeinschaften. Wer sich im Sinne der für Juden wie für Christen verbindlichen Zehn Gebote verhält, wird auch die Würde seiner Mitmenschen achten. Sich zu den Zehn Geboten zu bekennen, ist allerdings nicht so sehr eine Angelegenheit von Feiertags-Reden, sondern erfordert

jenes Verhalten, das wir Juden »Heiligung des Alltags« nennen.

Karl Weishäupl

Behindert

Meine Stimme zum Thema möchte ich reduzieren auf den unwürdigen Umgang vieler Menschen in unserem Lande mit den behinderten Bürgern.
Das »Einander verstehen — miteinander leben«, Motto im Internationalen Jahr der Behinderten 1981, funktioniert nur unzulänglich. Die folgenden Beispiele beweisen, wie unzulänglich mitunter das wechselseitige Verstehen zwischen Behinderten und Nichtbehinderten ist. An Einzelfällen in der Großstadt und ihrer Umgebung, in der ich wohne, läßt sich ablesen, wie gravierend behinderte Mitbürger durch Voreingenommenheit, Unverständnis und Intoleranz benachteiligt werden.

Beispiel 1:
Eine promovierte Diplom-Psychologin, Rollstuhlfahrerin, mit ausgezeichneten Zeugnissen sucht seit Monaten eine Arbeitsstelle in einer Großstadt — ohne Erfolg. Verantwortliche der Stadt verweisen auf bessere Berufsmöglichkeiten auf dem Lande, potentielle Arbeitgeber auf dem Lande raten zur Großstadt. Ein Vertreter der Stadtverwaltung München sagt ihr: »Sie wissen doch selber, wie beschränkt die Einsatzfähigkeit von Rollstuhlfahrern ist — und wenn man dann noch Psychologie studiert...«

Beispiel 2:
Renate Sch., Studentin an einer Stiftungs-Fachhochschule und Rollstuhlfahrerin, sucht seit anderthalb Jahren eine Zweizimmerwohnung, um mit Freunden selbständig außerhalb einer speziellen Einrichtung leben zu können. Sie ist unabhängig und eine »integrationsfähige« Behinderte. Nach vielen Mißer-

folgen findet sie tatsächlich eine behindertengerechte Wohnung. Zwei nichtbehinderte Interessenten sind vor ihr, treten aber freiwillig zurück. Dann der Schock: Die Hausbesitzerin meint daraufhin, sie würde unter diesen Umständen lieber einem vierten Bewerber die Wohnung geben, als eine Rollstuhlfahrerin hineinzulassen.

Beispiel 3:
Der Sanitäter Otto F. fuhr im vergangenen Jahr mit einer Gruppe Spastiker im Bus zu einem Ausflug in die Umgebung Münchens. Als er zu einem Imbiß in die Bahnhofsgaststätte Aying einkehren wollte, wurde er vom Wirt mit vielen Komplimenten hinausexpediert: Er könne seinen Stammgästen leider den Anblick von Spastikern nicht zumuten. Es tue ihm selber schrecklich leid, und er wolle ihnen auch gerne das Essen in einem anderen Gasthaus oder als Picknick bezahlen, aber sie müßten halt seine Lage verstehen...

Beispiel 4:
Fräulein Ilse Z., 16 Jahre alt, trat im Herbst vergangenen Jahres eine Lehrstelle an. Bei der Eingangsuntersuchung konnte man keinerlei Krankheit feststellen. Als sie kurze Zeit später nochmals zu einer ärztlichen Untersuchung vorgeladen wurde, entdeckte man ein Karzinom. Die Krankenkasse lehnte daraufhin ein Versicherungsverhältnis ab, da Fräulein Z. schon bei der Einstellung »unter falschen Voraussetzungen« angestellt worden sei. Schon damals sei sie krebskrank gewesen. Da Fräulein Z. zu jenem Zeitpunkt auch nicht die formelle Behinderteneigenschaft besaß, scheint eine Aussteuerung zumindest möglich. Der Fall wird weiter verfolgt.

Beispiel 5:
Ein Fachgebietsleiter an der Volkshochschule, Rollstuhlfahrer, wollte in der Weihnachtszeit für eine Behindertengruppe in einer Gastwirtschaft einer bayerischen Großstadt einen

Tisch reservieren lassen. Ablehnung mit der Begründung, man sei in der Weihnachtszeit »knüppeldick« voll und reserviere außerdem prinzipiell nicht. Trotzdem begab sich der Rollstuhlfahrer mit der Gruppe an dem vorgesehenen Tag ohne Voranmeldung in die Gastwirtschaft. Die Tische standen — bis auf wenige Ausnahmen — völlig leer. Als sich die Gruppe auf einen Tisch zubewegte, stellte ein Kellner geschwind das Schild »Reserviert« darauf. Die Behindertengruppe fand am Nebentisch Platz (der offensichtlich nicht so schnell dekoriert werden konnte) und blieb anderthalb Stunden. Positiv zu vermerken: Korrekte Bedienung. Leute, die sich am »reservierten« Tisch niederließen, wurden von den Behinderten gefragt, ob sie reserviert hätten. Antwort: Nein. Als die Gruppe das Lokal verließ, war das »Reserviert«-Schild plötzlich verschwunden.

Diese Beispiele zeigen eindeutig, daß die Behinderten nicht überall auf Verständnis und Hilfsbereitschaft stoßen. Das ist für die behinderten Mitbürger entwürdigend und läßt ein menschenwürdiges Leben in echter Partnerschaft mit Nichtbehinderten nicht zu.
Menschenunwürdig ist auch die Tatsache, daß am Ende des »Jahrs der Behinderten« (1981) insgesamt 101.976 Behinderte arbeitslos waren. Also ein doppeltes Stigma: Behindert sein und arbeitslos dazu. Ich behaupte: Wenn in einer Gesellschaft die Arbeitslosen beruflich und sozial deklassiert werden, so ist dies nichts anderes als ein unwürdiges und unmenschliches Verhalten gegenüber diesen stigmatisierten Mitbürgern. Menschenrechte und Menschenwürde aber stehen jedem Menschen — und damit auch dem behinderten Menschen — aufgrund seiner Wesensnatur zu. Sie sind nur dort gewährleistet, wo die Beziehungen der Menschen zueinander auf Gerechtigkeit beruhen.

Hans-Ulrich Klose

Ein funktionierendes Gewissen

Jetzt, seit meinem Rücktritt vom Amt, habe ich mehr Zeit, um nachzudenken und zu schreiben.

Mehr Zeit – das bedeutet nicht unbedingt, daß neue Erkenntnisse sich einstellen. Es ist wohl eher so, daß mir alte, aber verdrängte Erkenntnisse wieder voll bewußt werden: die Erkenntnis zum Beispiel, daß die Würde für den, der glaubt oder zu glauben versucht, sich ableitet aus der Schöpfungsgeschichte: »Und Gott schuf den Menschen zu seinem Bild, zum Bilde Gottes schuf er ihn ...«.

Wer das ernst nimmt und glaubt, weiß, was Menschenwürde bedeutet; er kennt den Ursprung und den Grund und das Gebot der Nächstenliebe. Er weiß aber auch, daß Gott es in unsere Entscheidungsfreiheit gestellt hat, ob wir die Würde des Menschen achten wollen oder nicht.

Hier liegt das eigentliche Problem. Wir wissen, was wir tun sollen, handeln aber nicht nach dem Gebot der Nächstenliebe, sondern überwiegend nach den Regeln der Wolfsgesellschaft: Der Stärkere setzt sich durch, befriedigt seine Bedürfnisse zuerst und, wenn es nicht anders geht, zu Lasten anderer. Dem anderen wird die Menschenwürde vielleicht abstrakt, aber nur mit Einschränkungen auch konkret zugebilligt.

Sage keiner, daß dies übertrieben wäre, der Zustand dieser Welt widerlegt ihn ebenso wie das eigene Gewissen, unterstellt, es funktioniert.

Hier wird das zweite praktische Problem sichtbar: Was ist das, ein funktionierendes Gewissen? Dazu kann ich keine allgemein gültige Aussage machen. Schon für mich, als Einzelperson mit persönlichen Erfahrungen, ist die Antwort schwer und immer am Rande der Schönfärberei; denn wahr ist es doch, daß sich unser Gewissen nur selten regt, daß es sich über die Jahre verhärtet, um so mehr, je länger Menschen in der Notwendigkeit stehen, verantwortlich für andere zu entscheiden und zu handeln, zum Beispiel als Politiker. Da hilft es auch nichts, wenn listenreich zwischen Gesinnungs- und Verantwortungsethik unterschieden wird. Als ob das wirklich ein Gegensatz wäre! Oder für uns eine Rechtfertigung! Es gibt keine Rechtfertigung für die Mißhandlung, Ausbeutung und Verhöhnung von Menschen. Genau dies findet aber jeden Tag statt, nicht nur in diktatorisch regierten Ländern, sondern — wenngleich weit weniger brutal und eher mittelbar — auch bei uns. Und genau dies müssen wir uns ganz klar machen, damit wenigstens die Entscheidungssituation (der Konflikt) deutlich wird und das Gewissen wach bleibt. Die Würde des Menschen ist unantastbar — das ist richtig; aber sie wird jeden Tag angestastet, verletzt, mißachtet, entgegen allen Geboten, seien sie nun göttlichen oder menschlichen Ursprungs — auch das ist richtig. Nur wenn wir dies erkennen und als Realität annehmen, haben wir eine Chance, den Konflikt aufzulösen, behalten wir ein funktionierendes, ein schlechtes Gewissen.

So sehe ich das, und manchmal empfinde ich es auch so. Das sind dann die wirklich guten Tage, die Höhepunkte im Leben eines Politikers. Aber davon erfährt die Öffentlichkeit wenig, weil solche Höhepunkte öffentlich nicht bilanziert werden. Es sind dennoch Höhepunkte, auch wenn sie sich äußerlich — was ich auch erfahren habe — als Tiefpunkte darstellen.

Matthias Wissmann

Ein universelles Axiom

Für mich hat der Begriff der Menschenwürde den Wert eines universellen Axioms. Dies bedeutet dreierlei:
Erstens: Ein Axiom wird allgemein anerkannt und in seiner Geltung nicht in Frage gestellt. Dies erlaubt es Politikern aus den verschiedensten Lagern, auf dieser gemeinsamen Basis zusammenzuarbeiten und bei allen Streitigkeiten einen unumstößlichen gemeinsamen Nenner zu haben.
Zweitens: Trotz der allgemeinen Anerkennung kann ein Axiom unterschiedlich begründet werden. Wie ich persönlich diese Begründung sehe, möchte ich noch weiter ausführen.
Schließlich ergibt sich drittens aus der Eigenschaft des Axioms, daß sich das gesamte Denken und Handeln nicht nur im politischen Bereich an diesem Axiom zu orientieren hat. Auch diesen Punkt möchte ich noch näher ausführen.
Wichtig erscheint mir an dem Begriff der Menschenwürde, daß man ihn auf den Menschen als Ganzes bezieht und die Würde nicht von einer bestimmten Eigenschaft abhängig macht, die man je nach persönlichem Standort als spezifisch menschlich betrachtet. Nur eine Betrachtung des Menschen in dieser Gesamtschau gewährleistet das, was den Wert der Menschenwürde ausmacht: daß sie in keinem Fall relativiert oder differenziert werden kann, sondern jedem Menschen gleichermaßen und in vollem Umfang zukommt. Würden wir etwa die Würde des Menschen von seinem sozialen, beruflichen oder gesellschaftlichen Status abhängig machen, so hätten wir ihren Wert ad absurdum geführt.
Die Begründung der Menschenwürde kann verschiedene Wurzeln haben. Da ist zunächst das Verständnis des Menschen als eines mit Geist begabten Wesens, das in Freiheit zur

selbständigen Entscheidung fähig ist. Weiter ist es möglich, die Menschenwürde in der humanistischen Tradition zu verankern. Neben diesen Einflüssen sehe ich aber die wesentliche Begründung der Menschenwürde im christlichen Verständnis des Menschen als des Abbildes Gottes. Hier trifft sich der Schöpfungsgedanke mit dem Gebot der Liebe. Ein solcherart beschaffenes Wesen hat per se seine Einmaligkeit, Personalität und Eigenständigkeit.

Diese Sichtweise ist keineswegs eine rein akademische Abstraktion, sondern hat für die tägliche Arbeit als Mensch und Politiker handfeste Konsequenzen. Die Personalität des Menschen, die sich in seiner Würde begründet, gibt eindeutig die Prioritäten für das politische Schaffen vor: Im Mittelpunkt steht der Mensch, nicht das Kollektiv, die Gesellschaft, der Staat oder irgendein anderes Abstraktum. Damit wird der Mensch zum Maßstab unseres politischen und persönlichen Handelns in jeder konkreten Situation.

Der der Menschenwürde zugrunde liegende Schöpfungsgedanke mahnt uns aber stets, den Menschen in seiner Diesseitigkeit nicht zu verabsolutieren. Dies bewahrt uns vor Ideologien, die das Heil allein in materiellen und sozialen Dimensionen versprechen.

Konkret kommt die Menschenwürde auch dann zum Ausdruck, wenn wir den Stil unseres persönlichen Umgangs miteinander auf sie abstimmen. Bei aller Schärfe der Auseinandersetzung und Härte der sachlichen Diskussion darf die Achtung vor den Mitmenschen nicht leiden. Nach jeder notwendigen Auseinandersetzung muß ein freundschaftlicher Handschlag möglich sein.

Selbstverständlich mahnt uns die Menschenwürde auch in der »hohen Politik«, auf eine umfassende Verwirklichung der Menschenrechte hinzuweisen. Ich nenne diesen wichtigen Punkt bewußt am Ende, da leider sehr oft die Bedeutung der Menschenwürde für die Politik allein auf diesen Punkt beschränkt wird. Mein Versuch war aber, deutlich zu machen,

daß das ernst gemeinte Verständnis der Menschenwürde all unsere Vorhaben und Handlungen durchdringen muß.
Eingangs hatte ich darauf hingewiesen, daß der Würde des Menschen als Axiom eine Begründung vorausgeht. Diese Begründung kann nicht einmal erbracht werden, sondern ist eine ständige Aufgabe, die eine notwendige Voraussetzung für die Realisierung der Menschenwürde ist. Dies bedeutet, daß wir uns stets über unser Bild vom Menschen klar werden müssen. Dieses Bild wird gezeichnet durch die Tradition, die Religion, Werte und Normen unserer Gesellschaft. Wenn wir in der heutigen Zeit eine Krise im ideellen Bereich beklagen, so hat dies auch Auswirkungen auf unser Verständnis vom Menschen und damit indirekt auf die Respektierung und Verwirklichung seiner Würde.

Otto Buchinger

Nicht vom Menschen selbst

»Die Würde des Menschen ist unantastbar«, so sagen die Verfassungen vieler Staaten seit über zweihundert Jahren bis in unsere Zeit; das sagten früher schon Philosophen, Geistliche, Staatsmänner, Dichter und Schriftsteller. Verwundert stellt man fest: Was Würde wirklich ist, das wird nicht näher gesagt!
Die Wörterbücher der Psychologie, der Religion und der Philosophie, um nur diese zu erwähnen, setzen bei ihrem Versuch zu beschreiben das Vorhandensein der Würde schon voraus. So einfach macht es sich auch diese oder jene Enzyklopädie. Die Würde sei die Bedeutung eines Menschen in der Gesellschaft, so sagt man, die ihm kraft seines Persönlichkeitswertes zukomme und ihm eine »Würdigung«, nämlich eine besondere und distanzierte Achtung angedeihen lasse. Mit angemessener Vorsicht ist zu sagen: hier wird Würde mit Prestige verwechselt.
Die Nordamerikanische Verfassung von 1768 ist die erste unserer Zeit, die die Menschenwürde als unantastbar bezeichnet und sie demzufolge durch die rechtsstaatlichen Einrichtungen vor Kränkungen und vor Willkür zu schützen beabsichtigt.
Friedrich Schiller (»Über Anmut und Würde«, 1794) faßt die Würde des Menschen als Ausdruck einer erhabenen Gesinnung auf. Er sagt, die Würde sei unabdingbar mit der Geistesfreiheit verbunden und bestehe überdies in der Triebbeherrschung durch die moralische Kraft. Der Kalifornier Skinner sieht einen untrennbaren Zusammenhang zwischen der Würde des Menschen und seiner Freiheit, seiner inneren Unabhängigkeit. Nur so könne die Würde zutage treten in einer Verhaltensweise, die andere Menschen tief beeindrucke, gera-

de weil sie aus der persönlichen Freiheit herrühre und weil die Ursachen von Entscheidung und Sichverhalten für andere unsichtbar seien. Die Gründe, wie zum Beispiel Großmut, Opferbereitschaft, Größe der Gesinnung, schöpferische Leistung, öffentliche Verdienste und ähnliches mehr, seien für andere nicht durchschaubar.

Es sind aber die geschäftigen Biographen und Journalisten, die dennoch und indiskret nach detaillierten Erklärungen für die Verhaltensweisen und die Hintergründe der besonderen Würde dieses oder jenes Menschen suchen. Das Ergebnis ist heutzutage häufig von der Art einer versuchten Entlarvung; damit verbunden der Anschlag auf ein Geheimnis, das eigentlich im Charismatischen wurzelt und mit Achtung und Zurückhaltung behandelt werden sollte.

Mit dem Hinweis auf das göttlich-geistige *Geheimnis* im Menschen, auf seine charismatische Wirklichkeit und Wirkung sagen wir gewiß eher Wesentliches über seine Würde aus. Denn »Würde« gibt er, der Mensch, sich nicht allein. Er »macht« sie nicht. Es kommt, ganz entscheidend, die gnadengebende Mitwirkung Gottes hinzu. Der Mensch wird als instrumentum Dei sicht- und erlebbar. Er ist das Wesen, das von Gott vorgeträumt, am Schöpfungsbeginn bereits vorhanden war, ist das Wesen, das dafür verantwortlich ist, daß des Schöpfers Wagnis mit seinem freiheitsdurstigen Geschöpf Mensch gut geht, daß die Schöpfung ihrer Vollendung entgegensieht.

Nur an *ein* Wesen, an dieses nämlich, wendet sich Gott im besonderen: »Und Gott sprach ...!« heißt es wiederholt in der Bibel. Nicht an alltäglichem Wissen, sondern an Weisheit und Gehorsam aus Ehrfurcht will Gott den Gebrauch messen, den der Mensch von seiner Freiheit macht. Haben nicht alle Wesen, die Menschenantlitz tragen und vom Schöpfer be-geistet wurden, eine besondere Würde?

Entgegen den Ordnungen und Zwängen der Natur, die wir Naturgesetze nennen, können sie, die Menschen, bewußt ihr Leben für andere, für eine hohe Idee opfern. Entgegen dem allmächtigen Selbsterhaltungstrieb, Ernährungstrieb, kann der Mensch in einem aus einer höheren Freiwilligkeit geborenen Entschluß fasten, heil-fasten und wird hierdurch belohnt mit der Mobilisierung psychovegetativ wirkender, genesender Kräfte sogar in seinem Leibe.

Die Grundwürde des Menschen weist auf die Einmaligkeit des einzig geistbegabten Wesens hin. Es ist wirklich etwas Besonderes, dieserart ausgestattet zu sein, gesegnet mit Momenten des tiefen Glücksempfindens; im Lachen der Daseinsfreude, unter den Tränen des Leides und der Schmerzen an seiner schicksalsvollen, psychosomatischen Existenz zu reifen. Denn alles, was der Mensch denkt, tut und unterläßt, auch was er bewegt oder achtungsvoll bestehen läßt, ist eine Gebärde des Geistigen. Doch gibt dieses nur So-Sein, wie er eben ist, besondere Würde? Oder besteht das Besondere der Würde darin, über die Grundwürde hinaus sich zu entwickeln? Es ist legitim, dieses Besondere zu bedenken. Lebt der Mensch nur sich selbst? Dem selbstgenügsamen und einsamen Leben mißt man heutzutage kaum noch eine besondere Würde zu. Bescheidenheit, Schlichtheit stehen kaum noch in öffentlichem Ansehen. Die Meinung ist gar nicht mehr Allgemeingut der Gesellschaft, daß derjenige, der sich selbst und Gott besitzt, eigentlich nichts entbehrt, ja im Grunde *alles* besitzt, was menschen-würdig ist.

Nicht mehr sind heutzutage allgemein Leistungswille und Gnadenwahl bei uns die Merkmale einer integren und erfolgreichen Persönlichkeit, sondern der Vermögensstand, die gesellschaftlichen, politischen Beziehungen; nicht mehr die Moral, sondern zeitbezogenes Moralisieren, nicht mehr Rechtschaffenheit, sondern Selbstgerechtigkeit. Es herrschen in vielen anderen Gebieten unserer Erde entwürdigender Terror, Folterungen, Verstümmelungen. In zivilisierten Verhältnissen hingegen entwürdigt man Menschen durch Indiskretion, indem man sie durch unerlaubte Veröffentlichungen scheinbar amtlichen Charakters der neugierigen Öffentlichkeit zum Fraße vorwirft und sie auf diese Weise vorverurteilt. Aus dem politischen Leben kann man ehrenwerte Menschen auf diese Weise entfernen. Entwürdigung durch Presse und Fernsehen: Wenn diese Skandale in einem zivilisierten und auf seine demokratischen Umgangsformen stolzen Lande wiederholt geschehen, so hat man Grund zu fürchten, daß es gar bald um die Schutzherrin der Würde, nämlich die Freiheit, geschehen sein könnte.

Würde in Freiheit! Daß die Würde des Menschen in Freiheit gedeihen möge, »ist ein Ziel, auf's Innigste zu wünschen«. Denn selten zuvor war der Ruf nach Freiheit in politischen Programmen und Kundgebungen so laut wie heute, doch andererseits wurde selten zuvor die Freiheit und Würde des Menschen weltweit so zynisch-grausam mißachtet wie heute.

Es geht beispielsweise um die sogenannte soziale Indikation zur Schwangerschaftsunterbrechung, um die Euthanasie und die quälende Anonymität, ja Verlorenheit des Kranken, des Sterbenden im wohlorganisierten und durchtechnisierten Krankenhause.

Wer schützt die Würde des Menschen vor den Fortschritten der Medizin-Wissenschaft? Ist ein guter Arzt zur Stelle als Seelsorger, als Beichtvater, von dem Gewißheit, Trost, Stärke und menschliche Wärme ausgeht? Gibt es wirklich noch viele Ärzte, die Zeit für ihre Kranken und Moribunden haben und haben dürfen, wenn der Geistliche nicht zugegen ist oder nicht zugegen sein soll? Ars moriendi: die alte Kunst, nicht nur recht zu leben, sondern auch in Würde zu sterben!

Als Arzt, der über die Würde des Menschen meditiert, weise ich darauf hin, daß die Art von Heilserwartung, die heutzutage so oft an die Chemie, die Biochemie, die Technik und ähnliches mehr geknüpft wird, aber auch Hoffnungen, die in gesellschaftlich-emsige Aktivitäten, in Organisationen und Überorganisationen gesetzt werden, letzten Endes inhumane und unwürdige Züge annehmen können. Denn solche Umstände führen den Menschen von seiner Berufung zum Geistigen, ja zum Religiösen auf den Weg zu großer Veräußerlichung. Wir lesen davon geradezu jeden Tag. Man propagiert die Vorstellung vom Menschen als einem reparierbaren Wesen: Herz, Leber, Nieren und – vielleicht – auch eines Tages Gehirn sind transplantierbar, sind ersetzbar. Ist der Mensch selbst ersetzbar? Ist Gott dem Menschen ersetzbar? Welcher Botschaft soll man glauben? Sind wir selbst, die Eltern vor den Kindern, die Erzieher vor den Schülern, der Arzt vor seinen Patienten, und ein Politiker vor der Bevölkerung immer glaubwürdig?

Die Würde des Menschen ist nicht von ihm selbst. Sie ist aber sein Ursprung, die ihn über die Natur und alle Kreatur hinaus erhöht.

Da ist aber doch die einzige Gleichheit, von der wir ernsthaft sprechen dürfen: das ist die »égalité«, zu der uns der Anhauch Gottes aus Gnade und aus der gefallenen Schöpfung zu sich emporhebt, wie der Vater in Jesu Gleichnis vom verlorenen Sohn. Nur da sind wir gleich: vor dem Antlitz Gottes, der jeden einzelnen von uns bei seinem Namen ruft.

Die Menschenwürde ist demnach nur charismatisch zu verstehen. Sie ist eine Gnadengabe, gewiß auch verbunden mit mancherlei – menschlichen – Unzulänglichkeiten. Die Würde des Menschen ist in concreto nicht gänzlich mit Worten beschreibbar: Sie ist unbeschreiblich, aber doch erfahrbar.

Friedhelm Hasenburg

Nicht ohne Hoffnung

Es ist kurz nach 22 Uhr. Leichter Nieselregen läßt mich schneller als sonst die hell erleuchtete Einkaufsstraße heimwärts durcheilen.
Da steht er vor mir, viel größer als ich, nasse Haare, ohne Hut, etwas nach vorne gebeugt. Ein müder Blick trifft mich. Es riecht nach Schweiß und Alkohol. »'Tschuldigung, wo kann ich wohl schlafen?«
Ärger über die aufhaltende Störung weicht einem lauernden Interesse. Fragen und Antworten gehen hin und her: Ohne Obdach, ohne Arbeit, alleinstehend, Hausverbot im Männerheim, noch nichts Warmes gegessen heute, Bahnhofsverweis, nasse Schuhe, Geld gestohlen, Ausweis verloren, schon letzte Nacht in Kälte und Regen draußen geschlafen...
Menschenskind, wer bist du jetzt? Ein lästiges Bündel selbstverschuldeter Not, eine Karikatur von Menschenrecht und Menschenwürde in unserer sogenannten Wohlstandsgesellschaft, eine soziale Null, das Ergebnis einer Karriere vielfältigster Armut materieller, persönlicher und gesellschaftlicher Art?
Und was soll ich jetzt sagen oder tun?
Ihn mit zur Familie nach Hause nehmen, ihm Gast- und Asylrecht gewähren, Christus hinter der Vagabundenmaske sehen? Oder als steuerzahlender Bürger die Polizei als Freund und Helfer auf der Suche nach zuständiger Beseitigung einer Störung der öffentlichen Ordnung in Anspruch nehmen?
Nach Tagen sehen wir uns wieder. Ich habe ihn kaum erkannt an seiner Kleidung, seinen Augen, seiner Sprache. Woher die sichtbaren neuen Zeichen von Hoffnung? »Hat Ihnen die Polizei helfen können?« Nun, sie hatte die Legitimation, ihn eine

Nacht in der Ausnüchterungszelle zu beherbergen. Nicht, weil er gleich hingegangen war, sondern erst, nachdem er die Sinnlosigkeit seiner Situation zu ersäufen suchte. Dank Bettelei und Kumpanei am Bahnhof.
Und jetzt? Er fand Unterschlupf bei einem »toften« Kumpel in einem kleinen Zimmer unter dem Dach in einem Haus mit Studenten und Ausländern. Nur der Vermieter darf es nicht wissen, sonst stehen sie beide wieder auf der Straße. Und Sozialhilfe oder Arbeitslosengeld kriegt er nicht, weil er nicht polizeilich gemeldet ist.
Seither beschämt mich der unbekannte Helfer, der Zimmer, Nahrung, Gespräch und sicher auch sein Geld und anderes mit ihm teilt.

Ulrich Beer

Unverdient und unverlierbar

Die Menschenwürde ist das Axiom, auf dem unsere Verfassung beruht. Begründet wird sie nicht weiter, und es bedarf keiner weiteren Begründung. Sie ist dem Menschen gegeben — schon dadurch, daß er Menschenantlitz trägt. Und sie ist jedem Menschen eigen, ob er schwarz oder weiß, rot oder gelb, Christ, Mohammedaner oder Buddhist, ob er gesund oder krank, strahlend schön oder häßlich verkrüppelt, ob er geistesschwach oder genial ist. Der Schwerverbrecher genießt diese Würde ebenso wie der Held oder der Heilige, falls es ihn gibt, der Feind der Verfassung genauso wie der oberste Repräsentant des Staates oder der Rechtsordnung. Unsere Verfassung ist von riskanter Weitherzigkeit gerade an ihren Fundamenten. Sie ist es aus gutem Grund. In ihr klingen die Verbrechen gegen die Menschenwürde aus der Zeit noch nach, die ihr vorausging. »Untermenschen« oder »lebensunwertes Leben« schließt sie eindeutig und für alle Zeiten aus; denn der Artikel 1 gehört zu jener Grundsubstanz der Verfassung, die durch keine noch so große Mehrheit angetastet werden darf, so bestimmt es die Verfassung selbst.
An dieser Stelle ist sie von einer durch tiefes Erschrecken aufgeklärten radikalen Christlichkeit. Nach christlichem Glauben sind vor Gott alle Menschen gleich. Vor ihm ist jedes menschliche Leben lebenswert, ja gleich viel wert — ein Grund für Barmherzigkeit und Schutz des Lebens.
Die Verfassung begründet dies Axiom nicht weiter, wie man Axiome eben auch nicht begründen kann. Für den Christen gibt es dennoch einen Grund für diese Menschenwürde: Er ist das Geschöpf Gottes, und seine Liebe verleiht sie ihm unverdient und unverlierbar. Keine noch so entstellende Abar-

tigkeit, kein noch so unmenschliches Verbrechen kann sie ihm nehmen. Jeder Einzelne kann sie bei sich selbst beschmutzen, bei anderen verletzen — zerstören kann er sie nicht. Die irdische Justiz bemüht sich, die verletzte Würde wieder herzustellen. Für den Christen ist sie in Gottes Gnade aufgehoben — unverdient und unverlierbar.
Sie ist zweifellos ein Absolutum. Das heißt nicht, daß sie sich nicht auch konkretisiert. Aus ihr leitet sich die Forderung nach Humanisierung aller Lebensbedingungen ab: Der Strafvollzug muß die Menschenwürde achten und Erniedrigungen, Folter, Verletzungen der Persönlichkeitssphäre meiden. Erziehung muß die Persönlichkeit des Kindes und Jugendlichen achten und ihre Selbständigkeit und Mündigkeit zum Ziel haben. Die Massenmedien haben die Intimsphäre zu respektieren und das Bild des Menschen nicht zu verzerren und zu vereinseitigen. Medizin und Psychologie müssen von einem ganzheitlichen Bild des Menschen ausgehen und die Gesundheit des ganzen Menschen zum Ziel haben; sie dürfen ihn nicht nur über somatische Leiden und Maßnahmen aufklären, ihn nicht als Objekt manipulieren, nicht sein physisches Leben verlängern ohne Rücksicht auf womöglich gleichzeitige seelische Qual.
Die Menschenwürde als Grundlage unserer Rechts- und Lebensordnung hat Konsequenzen bis in die ganz alltäglichen Bereiche von Familie und Nachbarschaft, Wohnungsbau- und Arbeitsplatzgestaltung, Umweltschutz und Regelung des Straßenverkehrs. Die Gesellschaft unterliegt ständig dem stummen Maßstab der Menschenwürde, und sie muß sich die Frage gefallen lassen, ob sich in ihr der Mensch, der sie macht, noch selbst ins Gesicht sehen kann. Nach christlichem Verständnis ist das Urbild dieses Gesichts das Ebenbild Gottes, das von allen möglichen Verletzungen unangetastet bleibt, sozusagen der Bildstock im Tresor, von dem alle Kopien gezogen sind. Mögen diese alt, vergilbt, zerrissen oder beschmutzt sein — das Urbild wahrt dem Prägestempel die

Menschenwürde bis in alle Zeiten und über alle menschliche Tat und Untat hinaus. In ihm sind wir im Hegelschen Sinne dreifach aufgehoben: erledigt, erhöht und bewahrt in Ewigkeit.

Walter Scheel

Wir müssen uns entscheiden

Viel zu häufig hört man den Satz, der einzelne Bürger könne doch nichts machen; alles werde »von oben« bestimmt. Das ist nicht wahr. Aber freilich, was man machen kann, das erfährt man nicht nur durch die Theorie allein, sondern dadurch, daß man etwas macht.
Wenn jeder Bürger das befolgte, so könnte das Wort von der Staatsverdrossenheit nicht aufkommen, das gegenwärtig wieder einmal die Runde macht. Denn wenn der Bürger der Staat ist, dann bedeutet Staatsverdrossenheit ja Verdrossenheit mit sich selbst.
Ich habe jüngst gehört, daß sich die Unlustgefühle der Menschen in unserem Lande vermehren. Sie haben weniger Freude an ihrer Arbeit – und damit ganz allgemein weniger Lebensfreude. Das heißt: die Menschen werden nicht nur mit dem Staat, mit den politischen und gesellschaftlichen Organisationen, mit unserer Konsum- oder Leistungsgesellschaft, mit diesem oder jenem unzufrieden, sondern mit ihrem Leben insgesamt. Der Mut, sein Leben in eigener Verantwortung zu gestalten, nimmt ab. Diese Entwicklung gilt nach der Erfahrung der Meinungsforscher nicht nur für einzelne Gruppen, sondern für alle: Selbständige und Unselbständige, Groß- und Kleinbetriebe, Hausfrauen und Unternehmer, Männer und Frauen, Junge und Alte.
Ein solcher Stimmungswandel in der Bevölkerung sollte jedem, der sich für das Allgemeinwohl verantwortlich fühlt, sehr zu denken geben. Es gibt kein Allgemeinwohl, wenn die Menschen sich unwohl fühlen. Das allgmeine Wohl ist offenbar keine Funktion des Wohlstandes, des Lebensstandards. Sonst hätte die Lebensfreude mit steigendem Wohlstand

wachsen müssen. Der Mensch braucht offenbar mehr und anderes und vielleicht Wichtigeres, um sich wohlzufühlen.
Offenbar hat die Entwicklung der letzten Jahre zu einem Ungleichgewicht in jenem Verhältnis zwischen dem Einzelnen und der Gemeinschaft geführt, von dem ich zu Anfang gesprochen habe. Vielleicht haben wir das Wohl des Menschen doch zu ausschließlich unter wirtschaftlichen Gesichtspunkten gesehen und darüber andere Grundbedürfnisse des Menschen vernachlässigt. An die Stelle des Ladens an der Ecke sind Selbstbedienungsläden und Kaufhäuser getreten. Städte und Landschaften werden durch breite Straßen getrennt, die nahezu jede Kommunikation hinüber und herüber unmöglich machen. Auf die schädlichen sozialen Wirkungen bestimmter Formen eines seelenlosen Wohnungsbaus habe ich schon mehrfach hingewiesen. Die Beispiele lassen sich beliebig vermehren. Überall findet ein Abbau der Möglichkeiten menschlicher Begegnung statt. Alles drängt zum Großen, Massenhaften. Der Einzelne fühlt sich zunehmend isoliert. Die seelische Temperatur in unserem Lande sinkt.
Das ist ein politisches Problem; ich halte es für *das* politische Problem unserer Zeit. Die Freiheit einer Gesellschaft, in der der Einzelne immer mehr isoliert und damit seiner sozialen Wirkungsmöglichkeiten beraubt wird, ist in Gefahr. Noch können wir dieser Gefahr begegnen.
Manche Worte unserer Sprache zeigen, daß man unempfindlicher geworden ist für jenes immer gefährdete Gleichgewicht zwischen dem Einzelnen und der Gemeinschaft. Wie leicht geht uns das Wort von der »modernen Massengesellschaft« von den Lippen. Ein demokratischer Zustand wird damit jedoch auf keinen Fall beschrieben. Masse bedeutet ja wohl, daß die Individualität des Einzelnen im Verhältnis zu den anderen Menschen untergegangen ist. Gerade das aber wollen wir nicht und dürfen wir nicht wollen.
Wenn wir der Vermassung entgehen wollen, dann müssen wir die sozialen Wirkungsmöglichkeiten des Einzelnen, in denen

er seine Persönlichkeit entfalten kann, wieder in den Mittelpunkt unseres politischen und gesellschaftlichen Handelns stellen. Dann müssen wir auch bei unseren ökonomischen Entscheidungen darauf achten, daß keine Entscheidungen getroffen werden, die zwar wirtschaftlich sinnvoll sind, der Vermassung jedoch Vorschub leisten können. Dann müssen wir dem Glauben abschwören, daß alles, was der Wirtschaft dient, auch der Freiheit und der Würde des Menschen diene.

Das heißt: Wir müssen alles, was wir tun, an den Grundnormen unserer Verfassung, den Artikeln 1 und 2 des Grundgesetzes, messen. Die übrigen Grundrechte sind Ausgestaltung dessen, was dort als »die Würde des Menschen«, als »die freie Entfaltung der Persönlichkeit«, als »die Freiheit der Person« bezeichnet wird. Diese Werte sind das Fundament unserer demokratischen Gemeinschaft, das heißt unseres Staates. Alles, was diesen Werten zu größerer Wirksamkeit verhilft, dient unserem Staat. Alles, was die Verwirklichung dieser Werte erschwert oder gar verhindert, schadet unserem Staat.

Ich glaube, es ist an der Zeit, daß wir alle Erscheinungen unseres Lebens auf allen Gebieten daraufhin prüfen, inwieweit diese Werte verwirklicht sind.

Petrus Ceelen

Der Affe im Zoo kann froh sein…

In einem Aufsatz über das Leben im Gefängnis schreibt Torsten, daß die Gefangenen in gemütlichen Vier-Bett-Zimmern mit Pflanzen und Fernseher ihre Strafe verbüßen. Volker, ebenfalls ein Achtklässler, schildert das Frühstück »mit Butter, Marmelade, Wurst, Käse, einem Ei, Kaffee, und wer will, auch Tee«. Und Petra glaubt, daß es im Gefängnis nicht viel strenger zugeht als zu Hause.
»Süß ist das Leben hinter Gittern«, lautet die Schlagzeile in einer bekannten Illustrierten unter Hinweis auf den leckeren Sauerbraten, Schonkost und Freigang.
Ist der Knast tatsächlich mehr Ferienhotel als Strafanstalt? Viele »Hotelzimmer« sind etwa sechs Quadratmeter groß. Davon beanspruchen Bett, Tisch und Stuhl, Holzspind und Klo rund drei Quadratmeter, so daß nicht viel Wohnraum übrig bleibt.
Es gibt auch größere Einzelzimmer, doch die haben den Nachteil, daß sie meist doppelt belegt sind. Nicht selten müssen sogar drei Personen in einem Einzelzimmer übernachten.
Hautnah beisammen liegen die Insassen auch in den meisten Gemeinschaftszellen. Dort sollen zwar auf jeden Einzelnen sechzehn Kubikmeter Luft entfallen, aber diese Vorschrift steht nur auf dem Papier. In der Praxis werden so viele Insassen in einem Haftraum untergebracht, wie reinpassen. Manch einer, der in einer überfüllten Zelle eingepfercht ist, leidet unter Platzangst. Ein paar Schritte auf- und abgehen ist in vielen Zellen ein Luxus, den man sich nur dann leisten kann, wenn die Kollegen im Bett liegen.
Nicht jeder hat ein Bett. Manche hausen in einem Matratzenlager, sie sind am Boden.

Manches Tier ist humaner untergebracht. Der Affe im Zoo kann froh sein, daß er dort seinen Käfig hat. Ein Schäferhund hat weitaus mehr Bewegungsfreiheit als ein gefangener Mensch. Ein Zwinger muß 6 x 4 Meter groß sein. Werden in einem Zwinger zwei Schäferhunde eingesperrt, protestiert der Tierschutzverein wegen Tierquälerei.
In den staatlichen Zwingburgen werden Menschen gequält. Es ist qualvoll, bis zu 23 Stunden am Tag auf engstem Raum eingesperrt zu sein, oft jahrelang. Nicht wenige halten diese Qual nicht aus, sie gehen zugrunde.
Viele Insassen haben das Gefühl, daß sie in ihrem Käfig nur verwahrt und gefüttert, aber nicht wie Menschen behandelt werden. Sie fühlen sich verwaltet, wie ein Stück Gepäck im Schließfach, versehen mit einer Nummer.
Der Gefangene wird »unter Verschluß genommen«, »dingfest« gemacht. Der Mensch wird zum Ding, das Subjekt zum Objekt.
Freiheitsstrafe bedeutet viel mehr als Entzug von Freiheit. Durch die Inhaftierung wird der Gefangene zu einem Menschen zweiter Klasse. Der Verlust der eigenen Kleidung und die Umkleidung beim »Zugang« bringen die Deklassierung zum Ausdruck. Ihre Minderwertigkeit bekommen die Insassen in der Du-Anrede, in herabsetzenden Bemerkungen, unnötigen Einschränkungen und Schikanen seitens des Aufsichtspersonals auf Schritt und Tritt zu spüren. Die Gefangenen fühlen sich wehrlos ausgeliefert an eine Institution, die alles vorschreibt, nachprüft und reglementiert. So wird der »Besitzstand« des Gefangenen durch die Haftraumordnung penibel geregelt: Der Einzelne darf nicht mehr als 5 Bücher haben, um die Durchsuchbarkeit des Haftraums nicht zu erschweren. Die kleinste Vergünstigung, z. B. die Aushändigung einer zusätzlichen Briefmarke, muß schriftlich (»Rapportzettel« oder »Wunschzettel«) beantragt werden.
Die Strafanstalt ist der klassische Fall einer »totalen Institution«, in der das eigene Leben nicht mehr einem selbst gehört.

Über den Gefangenen wird »verfügt«. Selbstverantwortung und Selbstbestimmung werden ihm weitestgehend genommen. Der Insasse darf selbst nicht mal entscheiden, wann er das Licht in seiner Zelle an- und ausmacht.
Im Freiheitsentzug wird dem Menschen praktisch alles entzogen: seine Individualität, sein Lebensraum, seine Privat- und Intimsphäre, seine Menschenwürde.
Es ist eines Menschen nicht würdig, in einer Klozelle zu wohnen, auch wenn Richter darin keine Mißachtung der Menschenwürde sehen. Das Schamgefühl eines jeden normal empfindsamen Menschen wird verletzt, wenn er auf dem Klo sitzt und weiß, da kann jederzeit einer reinkommen. Es ist erniedrigend, wenn ein Mensch im Beisein seiner Zellenkollegen seine Notdurft verrichten muß, unter Umständen sogar, während die anderen essen. Da reicht auch die Schamwand nicht, um die Würde des Menschen zu wahren.
Der Staat hat die Pflicht, die Menschenwürde zu schützen. Er verletzt sie aber andauernd, indem er Menschen auf diese Weise gefangen hält. Für einen Rechtsstaat müßte es selbstverständlich sein, daß er nicht mehr Leute einsperrt, als er menschenwürdig unterbringen und als Menschen behandeln kann.
Mit der Würde des Menschen ist es kaum vereinbar, wenn ein Schwerkranker oder ein Behinderter im Rollstuhl ins Kittchen muß, obwohl er nichts Schweres verbrochen hat. Es verstößt gegen die Würde eines alten Menschen, wenn ein Opa wegen Schwarzfahrens mit der Straßenbahn eingelocht oder wenn ein 80-jähriger Greis wegen einer Verkehrssache hinter Schloß und Riegel sitzt.
Aber Menschenwürde hin, Menschenwürde her: Im Knast herrschen andere Gesetze. Sicherheit und Ordnung sind das Grundgesetz im Strafvollzug. Aus Gründen der Sicherheit und Ordnung wird in die Intimsphäre der Insassen eingegriffen, etwa bei einer Körperkontrolle, einschließlich After. Aus Gründen der Sicherheit und Ordnung wird der Briefverkehr

überwacht, kann ein Gefangener vom Gottesdienst ausgeschlossen werden.
Im Knast sind Sicherheit und Ordnung unantastbar. Die Grundrechte des Menschen sind es nicht.

Richard Stücklen

Menschsein bedeutet Personsein

Wenn wir von der Würde des Menschen sprechen, so haben wir dabei ein bestimmtes Menschenbild im Sinn. Menschsein bedeutet, sich selbst zu bestimmen und sein Leben in eigener Verantwortung zu führen. Menschsein bedeutet Personsein. Dazu gehört auch die Bindung an eine Gemeinschaft und ein gemeinschaftsbezogenes Handeln. Das Bundesverfassungsgericht hat wiederholt in der Auslegung dieser grundlegenden Normen unserer Verfassung darauf hingewiesen, daß unser Menschenbild nicht das eines isolierten Individuums ist, sondern das einer gemeinschaftsbezogenen und gemeinschaftsgebundenen Person mit einem unantastbaren Eigenwert.

Beispiele für eine Mißachtung der Menschenwürde gab es in unserem Jahrhundert leider reichlich genug. Man braucht nur an Auschwitz, die Vertreibungen nach dem Zweiten Weltkrieg oder an den Archipel Gulag zu denken.

Aber auch heute wird leider immer noch gefoltert. Auch heute gibt es immer noch körperliche und seelische Mißhandlung politischer Gefangener. Noch immer werden politisch Andersdenkende deportiert, lange Jahre von ihren Angehörigen getrennt und in Lagern unwürdiger Behandlung ausgesetzt. Noch immer werden Menschen wegen ihrer Überzeugungen gequält, erniedrigt, in psychiatrische Anstalten eingewiesen, aus ihrem Heimatland vertrieben oder getötet.

Bei uns wird der Schutz der Menschenwürde in erster Linie durch die Grundrechte gewährleistet, die unmittelbar geltendes Recht sind und damit für jedermann einklagbar. Diese Grundrechte gewährleisten sowohl Leben und körperliche Unversehrtheit als auch die Freiheitsrechte, deren der Mensch zur freien Entfaltung seiner Persönlichkeit bedarf.

Darüber hinaus wird auch die soziale Entfaltung, das Miteinanderleben in Ehe und Familie, Kirchen, Religionsgemeinschaften, Gewerkschaften usw. gewährleistet und geschützt. Die Staatsform der parlamentarischen Demokratie ermöglicht dem Einzelnen die Mitwirkung an der politischen Willensbildung und damit die Mitgestaltung der sozialen und politischen Lebensbedingungen.

Gewiß ist die vom Grundgesetz aller Staatsgewalt auferlegte Verpflichtung, die Würde des Menschen zu achten und zu schützen, noch nicht ein für allemal dadurch erfüllt, daß Grund- und Menschenrechte gewährleistet sind und die Möglichkeit zur politischen Mitbestimmung gegeben ist. Wenn es zur Menschenwürde gehört, daß der Mensch — um Person sein zu können — einen Bezirk haben muß, über den er ganz allein verfügt und in dem niemand anders etwas zu suchen hat, einen Bezirk des rein Persönlichen, der Privatheit, dann ergeben sich aus den modernen wissenschaftlich-technischen Entwicklungen, aus dem Anwachsen von Planungs- und Verwaltungsapparaten mit ihrem Zugriff auf den Einzelnen und seine Lebensdaten neue Gefährdungsmöglichkeiten. Hier ist auch der Gesetzgeber aufgerufen, wachsam zu bleiben.

Dabei darf der Aspekt der materiellen Lebensbedingungen nicht außer acht gelassen werden. Die Menschenwürde kann auch durch eine materielle Notlage beeinträchtigt werden. Wo der Einzelne sich nicht aus eigener Kraft aus menschenunwürdigen Verhältnissen befreien kann, muß die Gemeinschaft für ihn eintreten. Nur sollte dabei gerade um der Menschenwürde willen auch auf den Gedanken der Subsidiarität Rücksicht genommen werden. Was der Einzelne aus eigener Initiative und mit seinen eigenen Kräften leisten kann, darf ihm nicht entzogen und einer allgemeinen Verwaltung übertragen werden. Der Mensch darf nicht zum Objekt planender und verwaltender Tätigkeit degradiert werden, auch wenn dies aus dem lauteren Motiv der Sorge um die Wohlfahrt geschieht.

Zum Innersten der Person gehört ihr Glaube, gehören ihre Überzeugungen. Wo Menschen wegen ihres Glaubens und ihrer Überzeugungen verfolgt, erniedrigt, verhöhnt werden, wird die Menschenwürde am tiefsten verletzt. Man kann auch anders herum sagen: Wo dem Glauben und den Überzeugungen des Menschen, wo seinem Verhältnis zu Gott mit der größten Achtung und Ehrfurcht begegnet wird, steht die Würde des Menschen am höchsten im Kurs. Letzten Endes hängt die Würde des Menschen vor allem davon ab, daß die Menschen sich selbst von diesem Menschenbild leiten lassen, daß sie selbst ihre Verantwortung vor Gott und den Menschen sehen und empfinden und damit dem hohen Anspruch dieses Begriffs der Menschenwürde gerecht werden.

Karl Martin

Soldat und Menschenwürde

Das Thema Menschenwürde stellt sich im Zusammenhang mit dem Soldatsein deswegen so aktuell, weil in einer Armee besondere Zwangs- und Gewaltverhältnisse gegeben sind. Die hierarchische Ordnung läßt es zu einem Machtgefälle kommen. In allen dienstlichen Angelegenheiten herrscht das Prinzip von Befehl und Gehorsam. »Der Soldat muß seinen Vorgesetzten gehorchen. Er hat ihre Befehle nach besten Kräften vollständig, gewissenhaft und unverzüglich auszuführen« (§ 11 Abs. 1 Satz 1 und 2 Soldatengesetz).

Selbstverständlich gilt das Grundrecht auf Achtung und Schutz der Menschenwürde (Art. 1 Abs. 1 GG) auch in der Bundeswehr uneingeschränkt. Der Vorgesetzte »darf Befehle nur zu dienstlichen Zwecken und nur unter Beachtung der Regeln des Völkerrechts, der Gesetze und der Dienstvorschriften erteilen« (§ 10 Abs. 4 SG). Dennoch muß in einer Armee die Gefahr des Mißbrauchs der Vorgesetztenstellung gesehen werden. Allzu leicht kann es passieren, daß — nicht zuletzt aus Gründen der Unsicherheit oder der Kompensation — Kompetenzen überschritten oder Maßnahmen ergriffen werden, die den dienstlichen Zwecken nicht angemessen sind.

Die gelegentlich erscheinenden Presseberichte über Schikanen und Mißhandlungen, sei es von Vorgesetzten gegenüber Untergebenen, sei es zwischen Soldaten gleicher Dienststellung, geben nur ein sehr zufälliges, unvollständiges Bild. Verläßlichere Informationen vermitteln die Jahresberichte des Wehrbeauftragten des Deutschen Bundestages. Der Jahresbericht wendet sich jeweils gleich am Anfang der Frage des Schutzes der Grundrechte zu. Eine beigefügte Statistik gibt Auskunft darüber, wie viele der Vorgänge, mit denen der

Wehrbeauftragte im Berichtszeitraum befaßt war, das Thema der Grundrechte, insbesondere das Thema der Menschenwürde betreffen. Die Statistik aus dem Jahresbericht 1982 nennt folgende Zahlen:

Inhalte	*Gesamt-zahl*	*Einzelanliegen Anzahl*	%
Verfassungsrechtliche Grundrechte	71	135	1.1
Menschenwürde	65	89	0.8
Freie Entfaltung der Persönlichkeit	30	41	0.4
Recht auf körperliche Unversehrtheit	59	78	0.7
Gleichheitsgrundsatz	31	61	0.6
Kriegsdienstverweigerung	50	83	0.8
Meinungsfreiheit	17	31	0.3
Sonstige Fragen	28	51	0.5

Es handelt sich also bei dem Thema der Menschenwürde um ein, statistisch gesehen, unscheinbares Problem. Um deutlich zu machen, daß es dennoch auf keinen Fall vernachlässigt werden darf, sei ein Beispiel aus dem Jahresbericht 1978 zitiert, das Gott sei Dank in dieser Schärfe ein Einzelfall ist:
»Nach vorangegangenem Alkoholgenuß mißhandelten ein Unteroffizier und ein Fahnenjunker in einem Aufenthaltsraum (Kellerbar) ihrer Kasernenunterkunft einen den UvD-Dienst versehenden Unteroffiziersanwärter: Da dem Unteroffizier das Auftreten des UvD zu nachlässig erschien, kam es zu einem Wortwechsel. Nachdem der UvD einen ihm vom Unteroffizier erteilten Befehl ausgeführt hatte und den Vollzug melden wollte, schlug der Unteroffizier mit einem Gummiknüppel auf ihn ein, weil er sich über die vermeintlich nachlässige Haltung des UvD erboste. Dieser verhielt sich abwehrend, schlug aber nicht zurück. Nunmehr griff auch der Fahnenjunker ein. Er nahm zwar dem Unteroffizier den Schlagstock ab, schlug aber dann mit den Händen dem UvD ins Gesicht. Während der Mißhandlungen machten der Unteroffizier und der Fahnenjunker dem UvD Vorhaltungen darüber,

wie wenig dieser mit einem ›guten‹ Soldaten gemein hätte. Nach diesen Auseinandersetzungen erhielt der UvD einen zweiten Auftrag, nach dessen Erledigung er sich bei den beiden zurückzumelden hatte. Mit Angst vor weiteren Mißhandlungen kam der UvD zurück. Ihm wurden wiederum Vorhaltungen wegen seiner angeblich nachlässigen Haltung gemacht. Der UvD sollte ›Grundstellung‹ einnehmen und wurde dabei durch Schläge mit dem Gummiknüppel vom Unteroffizier ›korrigiert‹; im folgenden wurde er mit weiteren Schlägen und Fußtritten mißhandelt. Als der UvD fliehen wollte, wurde er von neuem geschlagen und mußte nach Aufforderung des Fahnenjunkers kniend um ›Gnade flehen‹. Um dem UvD seine Auffassung über dessen ›soldatische‹ Haltung zu verdeutlichen, trennte ihm der Fahnenjunker die Dienstgradabzeichen von der Uniform ab, während der Unteroffizier die Mißhandlungen fortsetzte. Danach gelang es dem UvD, sich den Mißhandlungen zu entziehen, die insgesamt etwa eine Stunde gedauert hatten. Er erlitt eine Gehirnerschütterung, Schwellungen am Kopf sowie Prellungen am Rücken und mußte für 18 Tage in stationärer Behandlung im Krankenhaus verbleiben.
Aufgrund dieser Vorfälle wurde der Unteroffizier fristlos aus der Bundeswehr entlassen (§ 55 Abs. 5 SG). Er verlor damit seinen Dienstgrad und den Anspruch auf Versorgung mit Ausnahme der Beschädigtenversorgung. Der Unteroffizier und der mitangeklagte Fahnenjunker wurden in einem strafgerichtlichen Verfahren wegen Mißhandlung eines Untergebenen in einem besonders schweren Fall in Tateinheit mit Mißbrauch der Befehlsbefugnis zu Freiheitsstrafen von einem Jahr bzw. zehn Monaten verurteilt. Die Vollstreckung wurde zur Bewährung ausgesetzt. Das disziplinargerichtliche Verfahren gegen den wenige Tage nach der Tat wegen Ablaufs seines Wehrdienstes ausgeschiedenen Fahnenjunker ist noch nicht abgeschlossen.«
Um den Einzelnen in seiner Menschenwürde zu schützen, ist im Soldatengesetz die Gehorsamspflicht gegenüber solchen

Befehlen aufgehoben, die die Menschenwürde verletzen. »Ungehorsam liegt nicht vor, wenn ein Befehl nicht befolgt wird, der die Menschenwürde verletzt oder nicht zu dienstlichen Zwecken erteilt worden ist; die irrige Annahme, es handele sich um einen solchen Befehl, befreit den Soldaten nur dann von der Verantwortung, wenn er den Irrtum nicht vermeiden konnte und ihm nach den ihm bekannten Umständen nicht zuzumuten war, sich mit Rechtsbehelfen gegen den Befehl zu wehren« (§ 11 Abs. 1 Satz 3 SG).

Das Problem der Menschenwürde im Zusammenhang mit dem Soldatsein spitzt sich dort zu, wo Menschen zu etwas gezwungen werden sollen, das sie vor ihrem Gewissen nicht verantworten können. Die Väter des Grundgesetzes haben erkannt, daß der Zwang zu Handlungen oder Verhaltensweisen gegen das eigene Gewissen im Zusammenhang mit dem Soldatsein in besonderer Weise die Menschenwürde verletzt. Deswegen ist ausdrücklich festgelegt: »Niemand darf gegen sein Gewissen zum Kriegsdienst mit der Waffe gezwungen werden« (Art. 4 Abs. 3 Satz 1 GG).

So eindeutig die Norm in Art. 4 Abs. 3 GG zu sein scheint, so sehr bedürfen die in der Folge getroffenen Regelungen zur Kriegsdienstverweigerung der Kritik. Kritikpunkte dabei sind nicht relativ nebensächliche Verfahrensfragen oder parteipolitisch geprägte Gesetzesformulierungen. Was dem Thema der Kriegsdienstverweigerung seine sachliche Brisanz gibt, ist im Kern die drohende Verletzung der Menschenwürde. Die Glaubwürdigkeit der Verfassungsordnung steht auf dem Spiel. Ausgerechnet für den Soldaten, dessen Dienst zur Erhaltung unserer Verfassungsordnung beitragen soll, ergibt sich hier eine problematische Situation. Im einzelnen ist zum Thema der Kriegsdienstverweigerung im Zusammenhang mit dem Soldatsein folgendes anzuführen:

1. Ein Soldat, der einen Antrag auf Anerkennung als Kriegsdienstverweigerer stellt, ist prinzipiell so lange zur Dienstleistung verpflichtet, bis über seinen Antrag entschieden wurde.

Es ist zu begrüßen, daß es in der Bundeswehr die Praxis gibt, solche Soldaten von ihr Gewissen besonders belastenden Diensten (Schießübungen) zu befreien. Die Zeit bis zum Anerkennungsverfahren bleibt für den Einzelnen eine Belastung. Gelegentlich ist er Bemerkungen von Kameraden, die kein Verständnis für seine Entscheidung aufbringen, ausgesetzt.
2. Solange der Anerkennung als Kriegsdienstverweigerer ein wie auch immer geartetes Prüfungsverfahren vorausgeht, gibt es theoretisch die Möglichkeit des Justizirrtums mit der Folge, daß jemand in die militärischen Dienstpflichten gezwungen werden soll, obwohl er es mit seinem Gewissen nicht vereinbaren kann. Zahlenmäßig werden solche Fälle selten sein, dafür aber für den Einzelnen um so unerträglicher im persönlichen Erleben.
3. Die Auslegung des Art. 4 Abs. 3 GG hat dazu geführt, daß in der Bundesrepublik Deutschland lediglich die prinzipielle Kriegsdienstverweigerung, nicht jedoch die situative Kriegsdienstverweigerung einen grundgesetzlichen Schutz genießt. Die Evangelische Kirche in Deutschland (EKD) vertritt den Standpunkt, daß auch die situative Kriegsdienstverweigerung trotz ihrer persönlich-politischen Komponente eine Gewissensentscheidung darstelle und insofern ebenso einen gesetzlichen Schutz verdiene. »Nach evangelischem Verständnis ist eine politische Entscheidung von Gewicht immer zugleich eine Gewissensentscheidung. Und umgekehrt erfordert eine Gewissensentscheidung im Fall politischer Alternativen gerade das Abwägen der Ziele und Mittel«, heißt es in der EKD-Denkschrift »Der Friedensdienst der Christen«. Solange lediglich die prinzipielle Kriegsdienstverweigerung anerkannt ist, ist der Schutz für die Gewissensentscheidung und Menschenwürde eines Soldaten unzureichend. Kein Soldat hat im Augenblick die Möglichkeit, die Bereitstellung oder den Einsatz von Massenvernichtungswaffen abzulehnen. Käme der Soldat bei Ausbruch eines militärischen Konflikts zu dem Urteil, daß der Einsatz der Bundeswehr, obwohl von der Regie-

rung im Rahmen der Gesetze angeordnet, weder politisch noch militärisch zu verantworten wäre, so dürfte er aus dieser persönlichen Einsicht keine Konsequenzen ziehen. Jede schwerwiegende Kritik während eines militärischen Konflikts, sei es an dem kriegführenden Verhalten der eigenen Regierung, sei es an militärischen Zielsetzungen und Einzelmaßnahmen, muß ohne Verhaltenskonsequenzen bleiben.
Das Thema der Menschenwürde im Zusammenhang mit dem Soldatsein ist ein genuines Thema für die Militärseelsorge. Es gehört zu den Aufgaben der Militärseelsorge, die Würde des Menschen, wie sie sich aus der Geschöpflichkeit des Menschen im Gegenüber und in der Partnerschaft zu seinem Schöpfer ergibt, bewußt zu halten. Insbesondere sollte die Militärseelsorge den Soldaten ermutigen, seine eigene Würde ernst zu nehmen und sich gegebenenfalls um der eigenen Würde willen zu verweigern — auch wenn dazu viel Überwindung von Angst unter Inkaufnahme von Sanktionen gehören kann.

Martin Walser

Die Würde am Werktag

Man darf annehmen, Menschenwürde sei entstanden durch Arbeit. Die Tradition dieser Arbeit nennt man Geschichte. Das ist nicht etwas, was es gibt, sondern etwas, was man macht. Wer behauptet, es gebe keine Geschichte, also keinen Sinn, der sagt nur, daß er nicht mitmachen will bei der Produktion von Geschichte bzw. Sinn. Im Lauf einer jedem bekannten Entwicklung ist es so weit gekommen, daß die Menschenwürde, die errungen worden ist durch einen Jahrtausende dauernden Arbeitsprozeß, geradezu prinzipiell gefährdet wird durch eben die Bedingungen, unter denen jetzt die meiste Arbeit stattfindet.

In den siebziger Jahren unseres Jahrhunderts haben diese alltäglichen Verletzungen der menschlichen Würde zum ersten Mal eine Literatur produziert. Bis dahin waren es immer Einzelne, meistens solche, die ausgebrochen waren aus diesen Arbeitsbedingungen, die nachträglich der Gesellschaft erzählten, was sie zum Schreiben gebracht hatte. In den fünfziger und sechziger Jahren hat sich in der Bundesrepublik so viel Demokratie-Bedürfnis entwickeln können, daß endlich auch die sogenannte Arbeitswelt sich selber aussprach und nicht mehr angewiesen sein wollte auf gelegentlich vor Ort auftauchende Vertreter der Medien. *Werkkreis Literatur der Arbeitswelt* heißt die literarisch-politische Bewegung, durch die in so viel Städten Werkstätten entstanden für solche, die durch schlimme Erfahrung schreiblustig geworden waren.

Daß der, der schreibt, immer auf einen negativen Anlaß reagiert — nirgends wird das so deutlich wie in der Literatur der *Arbeitswelt*. Und wenn man dreißig oder fünfzig Bücher aus dem ersten Werkkreis-Jahrzehnt liest, Bücher, die untereinander so verschieden sind wie Bücher überhaupt sein können, ist es so bedrückend wie belehrend, daß in allen Romanen, Geschichten, Gedichten, Reportagen immer auf eine einzige schlimme Erfahrung reagiert wird: auf die der Abhängigkeit, also der Unfreiheit. Die Verletzung der menschlichen Würde durch Abhängigkeit ist die Schmerzquelle, aus der und gegen die hier geschrieben wird. Wir sind doch so weit, daß nicht jede Form der Abhängigkeit einfach als Schicksal hingenommen wird. Der Abhängige reagiert im Bewußtsein seiner Menschenwürde. Er fühlt sich im Recht. Er erlebt, was ihm passiert, als Unrecht. Der Rechtsstaat hat sich durchgesetzt. Im Bewußtsein. Die Demokratie ist eingetroffen. Im Bewußtsein.

Die Arbeiter und Angestellten tragen dieses Bewußtsein täglich in den Bereich, in dem es verletzt wird von dort noch herrschenden Bedingungen. Die Literatur des Werkkreises ist das Dokument dieses Aufeinandertreffens von Anspruch und Wirklichkeit. Der Anspruch beruft sich auf unser Grundgesetz. Die Wirklichkeit auch. Die Differenz zwischen Anspruch und Wirklichkeit provoziert diese Literatur. Diese Literatur präsentiert dadurch die wichtigste Aufgabe für unsere Entwicklung überhaupt. Solange diese Literatur geschrieben werden muß, ist unser Werktag noch nicht ganz auf dem Boden der freiheitlich demokratischen Grundordnung angekommen.

Wenn eine Gesellschaft von sich verkündet, sie sei schon eine Demokratie, sehe also darauf, daß das heiligste Geschichtsprodukt, die Menschenwürde, unantastbar sei, und in der alltäglichen Praxis wird eben diese Würde verletzt, dann muß man sich nicht gleich nach einer anderen Gesellschaft umsehen. Das Jahr 1980 hat uns peinlich darüber belehrt, wie die andere, die kommunistisch tendierende Gesellschaft, Menschenwürde dem Großmachtkalkül opfert. Das heißt: Es dürfte allmählich als sicher gelten — was materialistischer Anschauung nie hätte zweifelhaft werden dürfen —, daß man

Gesellschaftsformen nicht exportiert und importiert wie Autos, man kann sie nur an Ort und Stelle entwickeln. Wenn es bei uns noch keine praktische Demokratie gibt, dann können wir nirgends hinschauen als in unsere eigene Wirklichkeit. Da muß sie entstehen. Wir haben gerade zehn Jahre kräftigmachenden Aufenthalts hinter uns. Sage doch niemand, man hätte das nächste Ziel auf die 68er Art im problemlosen Anflug erreichen können.

Wir haben uns alle leichter gemacht, als wir waren und sind. Manche Ex-Aktivisten tun allerdings so, als sei das, was 1968 war, ein Dreitagefieber gewesen oder eine Jugendpeinlichkeit, von der wir nicht mehr reden wollen; sie möchten nur noch von einer gloriosen Innerlichkeit reden, die nichts will als sich selbst. Schon deshalb ist die Literatur der Werkstätten notwendig. Die Tendenz zum Wirklichkeitsverlust und zur Weltlosigkeit beherrscht eine unserer Literaturen. Es gibt zwei Literaturen in der Bundesrepublik: in der einen bedingen Wirklichkeitsverlust und Verzweiflung einander; in der anderen provoziert die konkrete tägliche Verletzung eine literarische Antwort, die die Bedingungen der Verletzung enthält. Ist die eine also die *reine* und die andere die *realistische* Literatur?

Nehmen wir, die Abhängigkeit und Unfreiheit auch kennen, aber nicht so knüppeldick wie die, hinter denen der Zeitnehmer steht, nehmen wir einmal versuchsweise ernst, was die Literatur der Werkstätten hauptsächlich veranlaßt: Entwürdigung durch etwas, was man als normal, als alltäglich, also unabänderlich anzusehen gehalten ist. Mich hat in den letzten zehn Jahren immer *die* Meinung innerhalb der Werkkreise erschreckt, die die Schreibenden der Werkstätten in einen direkten Dienst nehmen wollte. Entweder sind Erfahrungen der Art, daß sie eine direkt mobilisierende Literatur provozieren, oder sie sind so, daß sie eine langhin wirkende, allmähliche Prozesse fördernde Literatur hervorbringen. Das In-Dienst-Nehmen der Literatur ist Willkür und Idealismus. Eine in Dienst genommene Literatur leistet prinzipiell nichts als Betrug. Die Zuverlässigkeit der sich selbst überlassenen Reaktionsfähigkeit des Menschen hat als Kehrseite, daß der in Dienst genommene Schreiber vor allem den betrügt, der ihn in Dienst nimmt. Und trotzdem gibt es keine Sekunde lang irgendwo auch nur einen einzigen Satz *reiner* Literatur. Literatur übersteigt sich jedes Mal, wenn sie einen Satz zu Ende bringt. Aber eben von sich aus. Wird sie zur Selbstübersteigung kommandiert, vollzieht sie Scheinbewegungen.

Norbert Blüm

Dem Menschen steht ein Recht zu

Die Ahnung, daß dem Menschen ein Recht zusteht ohne Rücksicht auf seinen sozialen Rang und unabhängig von seiner Volkszugehörigkeit, gehört in die Anfänge der Entwicklung der Humanität. An der Klärung des Begriffs »Menschenrecht« haben sich die größten Denker der Geistesgeschichte beteiligt. Schon im mythischen Denken war der Gedanke eines allen Menschen zugänglichen Rechtes vorgeprägt. Der Mensch als Ebenbild Gottes ist der biblische Ursprung des Menschenrechts. Aristoteles, Thomas von Aquin fundierten das Recht, das allen Menschen zugänglich sein soll in der Vernunftnatur des Menschen. Die vernunftgetragene Idee des Naturrechts war die Bahn, auf welcher das säkularisierte Naturrecht fortschritt.

»Wir sehen die machtpolitische Tatsache Ihrer augenblicklichen Herrschaft. Aber auch das Rechtsbewußtsein des Volkes ist eine politische Macht, und wir werden nicht aufhören, an dieses Rechtsbewußtsein zu appellieren... Kein Ermächtigungsgesetz gibt Ihnen die Macht, Ideen, die ewig und unzerstörbar sind, zu vernichten.« Diese Worte, die der Vorsitzende der SPD-Fraktion im Berliner Reichstag, Otto Wels, Hitler zurief, geben den Kern jeder auf die Menschenrechte bezogenen politischen Argumentation wieder: Die Rechte, die sich aus der Natur und Würde des Menschen direkt herleiten, sind ewig und unzerstörbar; sie sind vor- und überstaatlicher Natur und unveräußerlich. Sie setzen aller Staatsgewalt Grenzen und ihre Verletzung macht staatliches Recht, auch wenn es in Gesetzesform gekleidet ist, zu Unrecht.

Die Idee der naturrechtlich begründeten Menschenrechte hat nach der menschenverachtenden Willkür eines reinen Machtrechtes nichts von seiner Faszination verloren. Allenthalben wird auch hervorgehoben, welch ein Fortschritt es doch ist, daß sich nach dem Zweiten Weltkrieg ein weltweit anerkanntes politisches Ethos durchgesetzt hat, das sich an den unveräußerlichen Menschenrechten als Grundlage humanen Zusammenlebens orientiert. Während sich nämlich die Faschisten im »Dritten Reich« noch offen zur Gewaltherrschaft bekennen konnten, ergibt sich heute doch eine grundlegend andere Situation: obwohl es auch weiterhin Gewaltherrschaft gibt, sind ihre Vertreter heutzutage gezwungen, sich zumindest verbal zu den Menschenrechten zu bekennen. Und je eindeutiger die Menschenrechte definiert sind, zu denen sich die Staatengemeinschaft der Welt ausdrücklich bekannt hat, desto überzeugender und einfacher ist es, konkrete Verstöße gegen die Menschenrechte aufzudecken und die verantwortlichen Staatsmänner bloßzustellen. Hier liegt der eigentliche praktische Wert der allgemeinen Erklärung der Menschenrechte und der beiden Menschenrechtspakte der Vereinten Nationen. Insbesondere der Bürgerrechtspakt mit seiner eindeutigen Verpflichtung an alle Staaten zur Gewährleistung von elementaren Rechten ist als schriftlich fixierter Maßstab für politisches Verhalten eine konkrete Rechtsgrundlage, auf die sich jederzeit jeder berufen kann. Der Artikel 4 des Bürgerrechtspakts ermöglicht den Staaten für Fälle des öffentlichen Notstandes das Außerkraftsetzen bestimmter im Bürgerrechtspakt fixierter Rechte. Davon ausdrücklich ausgenommen sind jedoch folgende Bestimmungen:

- Das Recht eines jeden Menschen auf Leben;
- das Verbot der Diskriminierung von Menschen allein wegen ihrer Rasse, Hautfarbe, des Geschlechts, der Sprache, der Religion oder der sozialen Herkunft;
- das Verbot der Sklaverei und der Leibeigenschaft;
- das Verbot der Folter oder anderer erniedrigender Behandlung oder Strafe;
- das Verbot der Schuldhaft;

– das Verbot einer Bestrafung ohne gesetzliche Grundlage zum Zeitpunkt der Strafe;
– der Anspruch eines jeden Menschen auf Rechtsfähigkeit;
– das Recht auf Gedanken-, Gewissens- und Religionsfreiheit.

Angesichts dieser klaren Fixierung und Anerkennung konkreter Rechtsbestimmungen, die auch durch keine Interpretationskünste verfälscht werden können, ist es durchaus richtig, wenn man die Menschenrechtspakte als wichtige Meilensteine auf dem Weg zur Realisierung der Menschenrechte bewertet. Dies gilt trotz der Tatsache, daß viele Staaten die Pakte unterzeichnet haben, die an die Einhaltung der Bestimmungen niemals dachten und auch heute nicht daran denken. Die Menschenrechtspakte sind als moralisches und politisches Druckmittel zur Realisierung der Menschenrechte von unverzichtbarem Wert.

Christian Tomuschat, deutsches Miglied des Menschenrechtsausschusses der Vereinten Nationen, hat die öffentlich förmliche Erklärung der Menschenrechte als »langfristig wirksames Wirkelement« bezeichnet, welches »zumindest den politisch moralischen Untergrund des Rechts prägt und damit dem Recht eine erhöhte Chance der Effektivität verleiht«. Und diese Chance gilt es zu nutzen. Von alleine tut sich nichts. Wir müssen uns deshalb ernsthaft fragen: Genügt es, wenn wir uns zum 1000. Male selbst stolz bescheinigen, wie weit wir es doch schon gebracht haben, weil das verbale Bekenntnis zu den Menschenrechten heute zum rhetorischen Pflichtrepertoire eines jeden Staatsmannes gehört? Reicht es, möglicherweise ganz zum Schluß noch anzufügen, daß es nun an der Zeit ist, den Menschenrechten auch faktisch Geltung zu verschaffen, und im übrigen zum Tagesgeschäft überzugehen? Ich fürchte, wir lügen uns mit dieser Art der Behandlung der Menschenrechtsfrage in die eigene Tasche. Wir mogeln uns damit nämlich nur um die notwendigen Konsequenzen aus der unbestreitbaren Tatsache, daß trotz des Inkrafttretens der Menschenrechtspakte Anzahl und Schwere der Menschenrechtsverletzungen weltweit gesehen nicht ab- sondern zugenommen haben. Die Jahresberichte und sonstigen Dokumentationen von amnesty international geben dazu sachlich fundiertes Anschauungsmaterial. Sicherlich: Die Idee der Menschenrechte ist der Leuchtturm. Gefahren jedoch wird in der Alltagspraxis. Eine neue Anstrengung muß deshalb der Durchsetzung der Menschenrechte gelten. Und die Verwirklichung der Menschenrechte ist nicht weniger schwer als es ihre Formulierung war.

Zu allererst gilt: Wir müssen deutlich werden in der Beschreibung des übelsten Unrechts, das Menschen zugefügt wird. Wir müssen Roß und Reiter nennen. »Die Chilenische Regierung ist eine Mörderbande.« »Der den DGB besuchende ehemalige russische Geheimdienstchef Scheljepin ist ein Mörder.« Das sind Sätze mit politischer Wirkung, die keine diplomatische Ausflucht zulassen und nicht mit philologischer Interpretationskunst entschärft werden können. »Gewalt muß bekämpft werden« dagegen ist allgemeines moralisches Gesabbel, das nichts bewirkt, als schöne Gefühle bei den Herstellern solcher onanistischer Rhetorik. Mord, Totschlag, Terror und Gewalt begleiten die Menschheitsgeschichte, abstrakte Entrüstung ändert nichts. Die Wirtschaft kann dabei nicht ausgenommen bleiben. »Auf der Tabelle, die die Börsenkurse anzeigt, wird Blut nie sichtbar.« Heinrich Böll hat recht mit dieser Zustandsbeschreibung. Aber bedeutet dies, daß wir uns damit abfinden müssen, daß die westlichen Industrienationen (wir eingeschlossen) das militärische Material oder know how zur Unterdückung von Menschenrechten liefern oder vorzugsweise in den Entwicklungsländern investieren, in denen Gewerkschaften verboten sind und Folter an der Tagesordnung ist? Natürlich kenne ich das Argument, dies alles schaffe uns Arbeitsplätze. Aber was sind das für Arbeitsplätze, die mit dem Leiden und Blut tausender Verfolgter erkauft werden?

Wir alle müssen bereit sein, uns den Kampf für die Durchsetzung der Menschenrechte auch etwas kosten zu lassen. Die Geschäfts- und Handelspolitik darf nicht unbeachtlich ständiger und systematischer Menschenrechtsverletzungen nach dem Grundsatz verfahren: »business as usual«. In Sachen Menschenrechte gibt es keine Arbeitsteilung nach dem Motto: Dies ist eure Angelegenheit, mich geht das nichts an.

Der Menschenrechtskatalog ist relativ breit. Nicht alle Menschenrechte stehen beziehungslos nebeneinander. Und nicht jedes Menschenrecht ist ohne jede Voraussetzung zu realisieren. Carola Stern weist zurecht darauf hin, daß das Recht der Unverletzlichkeit der Wohnung voraussetzt, überhaupt eine Wohnung zu haben. Und sie fährt fort: »Das Recht auf Presse- und Informationsfreiheit nützt nur Menschen, die zur Schule gegangen sind und dort lesen gelernt haben.« Von Julius Nyerere stammt die Bemerkung, ein leerer Magen müsse zuerst gefüllt werden, bevor er sich politischer Freiheiten erfreuen könne.

Trotz der hier angedeuteten Schwierigkeiten, eine Rangfolge innerhalb der proklamierten Menschenrechte aufzustellen, gibt es unveräußerliche Rechte, die für alle Menschen gleichermaßen gelten und überall bedingungslos einzuhalten sind. Zu ihnen gehört das Recht auf Leben (dazu gehört, nicht zu verhungern), das Verbot willkürlicher Verhaftung und der Folter, das Recht auf menschenwürdige Behandlung im Gefängnis und ein ordentliches Gerichtsverfahren. Auf die Durchsetzung dieser elementarsten Menschenrechte sollten wir unsere Kraft konzentrieren.

»Nicht nur an ihren proklamierten erhabenen Zielen, sondern vor allem an den angewandten Mitteln läßt sich das kulturelle Niveau einer Politik ableiten«, sagte Johann Baptist Metz bei der Verleihung des Friedenspreises 1980 an Ernesto Cardenal. Im Zusammenhang dieses Beitrags bedeutet dies, daß nicht das verbale Bekenntnis zu den Menschenrechten Maßstab für die Beurteilung von Staatsmännern und Regierungen ist, sondern ihre praktische Verhaltensweise in bezug auf die Realisierung der Menschenrechte. Jeder von uns ist aufgerufen, seinen Beitrag zu leisten zur Provozierung einer öffentlichen Meinung, welche die Macht der Mißachtung gegen jede Art von Inhumanität richtet, wo immer sie geschieht und wer immer ihre Initiatoren sind. Wir haben heute die reale Chance, daß sich eine öffentliche Meinung im weltumspannenden Sinne bildet. Der Marktplatz, auf dem Meinungen ausgetauscht werden, ist der Globus. Die modernen Kommunikationsmittel knüpfen Verbindungen zu den entferntesten Weltgegenden. Man weiß voneinander. Aber wir sollten nicht stille Zuschauer sein, sondern die Meinung der Welt mitbestimmen. Deshalb ist es wichtig, die Macht der öffentlichen Meinung der brutalen Gewalt entgegenzusetzen. Die Mächtigen der Welt sollen das öffentliche Urteil fürchten lernen. Und sie sollen wissen, daß die Achtung der Menschenrechte das oberste Prinzip darstellt, an dem wir unsere politischen, wirtschaftlichen, kulturellen, wissenschaftlich-technischen und sonstigen Kontakte zu anderen Staaten messen.

Rainer Offergeld

An die Utopie glauben

Soziale Sicherung und eine gerechte Verteilung sind die besten Garanten des inneren Friedens. Und der innere Frieden ist der beste Anreiz für den Ausbau der produktiven Wirtschaft in allen Ländern, besonders in denen der Dritten Welt. Dennoch sind Frieden und soziale Sicherung keine Veranstaltungen zur Erhaltung des gesellschaftspolitischen Status quo. Im Gegenteil: Nur eine gerechte Ordnung erhält den Frieden – zwischen den Staaten und innerhalb der Staaten. Deshalb müssen Herrschaftsschichten, die eine gerechte Ordnung verweigern und damit die Entwicklung hemmen, anderen, mobileren, aufgeschlosseneren Schichten weichen. Herrschaftsschichten, die dieses nicht begreifen, werden am Druck von unten zerbrechen.

Die Menschen in den Entwicklungsländern müssen ihr Schicksal in die eigene Hand nehmen. Wir können nicht von außen die notwendigen wirtschaftlichen und sozialen Voraussetzungen für ihre wirtschaftliche und soziale Entwicklung schaffen. Die Entwicklungsländer tun dies in eigener Verantwortung für ihre innere politische, gesellschafts- und wirtschaftspolitische Ordnung. Dies befreit uns aber nicht von der Verantwortung, die jeder freie Mensch für die Wahrung der Menschenrechte hat.

Die Institution Weltöffentlichkeit ist eine Errungenschaft unserer Zivilisation. Wir müssen mit unseren Mitteln die Stimmen stärken, die den Menschenrechten Gehör verschaffen. Ich möchte als ein Beispiel für viele den Appell des Papstes Johannes Paul II. anführen, der in seiner Enzyklika Redemptor Hominis vom 4. März 1979 mahnt: »Jenes Gemeinwohl, dem die Autorität im Staate dient, ist nur dann voll verwirklicht, wenn alle Bürger ihrer Rechte sicher sind. Andernfalls endet man beim Zusammenbruch der Gesellschaft, gelangt man zum Widerstand der Bürger gegen die Autorität oder zu einem Zustand der Unterdrückung, der Einschüchterung, der Gewalt, des Terrors, wovon uns die Totalitarismen unseres Jahrhunderts zahlreiche Beispiele gegeben haben. Auf diese Weise berührt das Prinzip der Menschenrechte zutiefst den Bereich der sozialen Gerechtigkeit und wird zum Maßstab für ihre grundlegende Überprüfung im Leben der politischen Institutionen.«

Die Entwicklungspolitik der Bundesrepublik zeigt, daß uns die Menschen und ihre Rechte in der Dritten Welt nicht gleichgültig sind. Kreuzzüge liegen der Bundesregierung fern, auch Kreuzzüge für die Menschenrechte. Dennoch kann man die ethischen Werte, aufgrund derer wir von unseren Bürgern Opfer für die Dritte Welt erwarten, bei Überschreiten der deutschen Grenze nicht wie eine lästige Erinnerung einfach vergessen.

In vielen Ländern müssen aber erst die *sozialen* Menschenrechte verwirklicht werden, ehe *politische* Menschenrechte überhaupt verstanden werden. Wer nicht lesen und schreiben kann, wird kaum am Grundrecht der freien Presse interessiert sein. Die deutsche Entwicklungshilfe – nicht nur die staatliche – muß in der Welt unser Engagement für die sozialen und politischen Menschenrechte glaubhaft machen. Entwicklung und Frieden sind ein kostbares Gut, das man nicht aufgeben darf.

Der soziale Fortschritt und der Friede werden keinem geschenkt. Dafür zeugt der über hundertjährige Kampf der Arbeiterbewegung.

Der amerikanische General McArthur hat einmal gesagt: »Für Sieg gibt es keinen Ersatz«. Ich sage, das ist falsch. Richtig ist, daß es für den Frieden keinen Ersatz gibt.

Auch wenn manch einer Frieden für utopisch hält, ich glaube – wie Gustav Heinemann es formuliert hat – an die relative

Utopie einer verbesserten Welt. Wer diese Utopie verficht, sollte keine Sorge davor haben, ein Utopist genannt zu werden.

Alfred Hans Kuby

Erfahrungen

Als ich 17 Jahre alt war, entschuldigte sich der Musiklehrer unseres Gymnasiums bei mir: er habe sich in mir getäuscht und mir unrecht getan.

Mit 20 Jahren kam ich nach Amerika in Kriegsgefangenschaft. Wir wurden als Menschen respektiert und behandelt, wir erlebten viel Menschlichkeit, wie sie mit dem Wort »Höflichkeit« nur unzureichend beschrieben ist. Diese Erfahrung verdichtet sich für mich in der Erinnerung an einige Gestalten aus jener Zeit:

1943 der Personaloffizier deutsch-jüdischer Herkunft, dessen Korrektheit und Freundlichkeit uns beschämten;

1944 der indianische Sanitätsdienstgrad, der mich mit liebevoller Aufmerksamkeit pflegte;

1945 der kleine Farmer italienischer Abkunft, der uns Kaffee und Sahne in silbernen Kännchen aufs Feld brachte;

1946 der alte Jesuitenpater, der uns in unserer Hoffnungsarmut anzusprechen wußte.

Als junger Theologiestudent lernte ich von einem alten schwäbischen Bauern und Stundenhalter, daß er schon im Ersten Weltkrieg nicht auf »Feinde« zu schießen vermochte und daß er mit seinen Kühen fühlte, wenn sie einen schweren Wagen die steilen Hänge des Ammertales emporziehen mußten.

Solche Erfahrungen darf wohl jeder Mensch machen, und sie sollten die negativen und gegenteiligen aufwiegen können. Was mir daran wesentlich scheint, ist dies: Indem ich einen anderen Menschen ernstnehme, respektiere, ihm ein Minimum an Zuneigung erweise, ja sogar, indem ich Tiere und Pflanzen als Mitgeschöpfe würdige, werde ich mehr und mehr dem gerecht, was *meine* Menschenwürde ausmacht. Ich sehe also in diesem Begriff für mich weniger einen Anspruch als eine Verpflichtung.

Walter Bargatzky

Das Außerordentliche

Unter den sieben Grundprinzipien, die das Rote Kreuz sich auf nationaler und internationaler Ebene als Leitschnur seines Handelns gegeben hat, steht die Menschlichkeit an erster Stelle. Sie bedeutet, daß das Wohl des Menschen allein unser Handeln bestimmen soll und daß alle anderen Gesichtspunkte, mögen sie noch so gewichtig sein, erst an zweiter Stelle kommen.
Aber wonach wird das Wohl des Menschen beurteilt? Es gibt verschiedene Maßstäbe, wie die Geschichte uns lehrt. Für das Rote Kreuz kann es nur einen Maßstab geben, nämlich die Würde des Menschen als Person. Eine der bedeutendsten Gestalten des Roten Kreuzes, der langjährige Präsident des Internationalen Komitees, Professor Max Huber (1874-1960), hat dies so ausgedrückt: »Menschlichkeit ist die Haltung gegenüber Mitmenschen, die bestimmt ist durch die Erkenntnis von dessen unvergänglichem, über alle Zweckrücksichten erhabenen Daseinsrecht und von dessen Würde als Person ... Als ein lebendiges Du ist er eine Frage an mich, und meine Haltung zu ihm ist eine Antwort.«
Die Erfahrung des Roten Kreuzes zeigt allerdings, daß diese Antwort nicht leicht ist. Sie ist schon schwer, wenn der Mensch arm und hilflos ist, schwerer noch, wenn ihm von anderen Übles angetan wird, vielleicht sogar Haft und Folter, am schwersten jedoch, wenn die Brandfackel des Krieges entzündet und der Mensch nur noch zum hilflosen Opfer eines grausamen Schicksals wird. Hier verlangt die Antwort auf die oben gestellte Frage nicht nur die Bereitschaft zur Hilfe, sondern auch die Bereitschaft, selbst alles zu wagen, manchmal auch das eigene Leben und die eigene Freiheit. Vielleicht ist

das nie plastischer ausgedrückt worden als in einer Schilderung, die der Nachfolger Hubers als Präsident des Internationalen Komitees vom Roten Kreuz, der auch in Deutschland sehr bekannte Professor Carl Jakob Burckhardt (1891-1974), im Jahre 1963 gegeben hat.

Carl Burckhardt sagte damals: »Gegen Kriegsende, im März 1945, war es endlich nach unablässigen Bemühungen gelungen, in einem persönlichen Kontakt mit einer leitenden Persönlichkeit der SS die Lage der in den Konzentrationslagern befindlichen Häftlinge direkt zur Sprache zu bringen. Die Zusammenkunft fand am 14. März in einem Gasthof an der Arlbergstraße statt. Mein Gesprächspartner war ein hoher Vertreter der SS, Kaltenbrunner. Unsere Verhandlungen dauerten von 14.30 Uhr bis 18.30 Uhr. Es handelte sich unter vielen anderen Problemen, wie der Frage der Ernährung der Kriegsgefangenen, die mitten in den Massen der flüchtenden Bevölkerung von Ost nach West strömten, um das Schicksal der in furchtbarster Lage befindlichen politischen Häftlinge und der Juden. Nach langer, harter Diskussion machte der SS-Mann folgenden Vorschlag: ›Gut, Sie wollen die Lage der politischen Häftlinge kontrollieren können, wie Sie die Lager der Kriegsgefangenen durch regelmäßige Besuche beobachten. Wir werden Ihre Vertreter und ein kleines Sanitätspersonal in den KZ zulassen unter einer Bedingung: Ihre Delegierten begeben sich in diese Lager, beliefern die Häftlinge mit Hilfsmaterial und verpflichten sich, diese Lager bis zum Kriegsende nicht zu verlassen.‹ Mehr war nicht zu erreichen, es sei denn die Entlassung einer größeren Zahl weiblicher französischer Häftlinge aus dem Lager Ravensbrück. Nach Genf zurückgekehrt, machte ich den dort zur Zeit disponiblen Delegierten und Kandidaten zur Durchführung von Missionen Mitteilung von der ungeheuerlich anmutenden Bedingung des SS-Vertreters, und ich stellte die Frage, ob jemand sich freiwillig unter derartigen Voraussetzungen zur Verfügung stelle. Und da geschah das Außerordentliche. Alle erhoben die

Hand, und alle Anwesenden meldeten sich bereit, bis zum Kriegsende das Leben hinter dem Stacheldraht mit den Elendsten der Elenden zu teilen. Dies war der höchste Moment meiner persönlichen Erfahrung während der Dauer meiner Präsidentschaft. Diese Delegierten haben dort, wo sie ihr Wagnis bestehen und ihr Opfer bringen konnten, vielen Tausenden, was beinahe unbekannt ist, das Leben gerettet.«

Joseph Kardinal Höffner

Bild Gottes

Der Mensch ist »Bild Gottes« (Gen 1,27), von Gott aus Liebe erschaffen. Durch den freien Willen ist er Herr seiner selbst und nicht ein Bündel psychischer und gesellschaftlicher Zwänge. Ihm ist die Flucht in die Fremdverantwortung verwehrt. Gott hat ihm eine Würde gegeben, über die er gleichsam »eifersüchtig« wacht. Der Mensch darf deshalb nie zum bloßen Gegenstand oder Mittel staatlicher, gesellschaftlicher oder wirtschaftlicher Prozesse erniedrigt werden. Stets muß »die Ordnung der Dinge der Ordnung der Personen dienstbar sein und nicht umgekehrt«. Die »Königswürde« des Menschen, so erklärt Papst Johannes Paul II. weiter, fordert den »Vorrang der Ethik vor der Technik«, den »Primat der Person über die Dinge«, die »Überordnung des Geistes über die Materie«.

Wenn auch kein Geschöpf auf dieser Erde so sehr eine Welt für sich ist wie der Mensch, so findet der Mensch seine Erfüllung doch erst in der Begegnung mit anderen. Er ist nicht nebensächlich, sondern seinem Wesen nach auf das Du und die Gemeinschaft hingeordnet. Im Gebet Christi zum Vater, »daß alle eins seien..., wie auch wir eins sind« (Joh 17,20-22), leuchtet, wie das Zweite Vatikanische Konzil lehrt, eine »gewisse Ähnlichkeit« auf »zwischen der Einheit der göttlichen Personen und der Einheit der Kinder Gottes in der Wahrheit und der Liebe«. Alle Menschen sind trotz ihrer Verschiedenheit nach Hautfarbe und Volkstum durch *dieselbe von Gott erschaffene Menschennatur* wesenhaft geeint. Die inhumane Beschränkung des Menschseins auf den eigenen Stamm, die eigene Rasse, das eigene Volk oder die eigene Klasse führt zur Bestialität. Das Wort des römischen

Dichters Plautus: »Der Mensch ist des Menschen Wolf« ist ein böser Spruch.
Durch die bei allen Menschen gleiche Menschennatur ist die ganze Menschheit auf dieselben geistig-sittlichen Grundwerte des Wahren, Guten, Schönen und Heiligen hingeordnet. Das natürliche Sittengesetz setzt bei der Natur als dem Wesenskonstitutiv des Menschen an, das heißt bei dem, was zu allen Zeiten und in allen Kulturkreisen den Menschen metaphysisch als Menschen bestimmt, wozu Leiblichkeit und Geistigkeit, Personalität und Sozialität sowie die Geschöpflichkeit gehören. Das natürliche Sittengesetz ist letztlich im »ewigen Gesetz« des Schöpfers begründet. Es ist allgemein-gültig und unwandelbar. Nur die Besinnung auf diese Zusammenhänge vermag die moralische Unterentwicklung der Vierten Welt zu überwinden. Auch ist ohne die Anerkennung gemeinsamer sittlicher Grundwerte eine Friedens-Gemeinschaft unter den Völkern nicht möglich. Der Zerfall der Moral würde sich völkerrechtlich katastrophal auswirken.

Die Vierte Welt läßt sich nicht geographisch umschreiben. Man stößt auf sie in allen Erdteilen und Kulturkreisen. »Vierte Welt« ist der Inbegriff eines Elends, das sich verhängnisvoller auszuwirken droht als der physische Hunger. Es ist das Elend der moralischen Unterentwicklung und der geistigen Verwirrung. Wirtschaftlicher Fortschritt und geistig-sittlicher Fortschritt laufen häufig nicht parallel.
Wenn der Mensch jemals ein Suchender, ein nach dem letzten Lebenssinn Fragender gewesen ist, dann ist es der Mensch der Vierten Welt. Er spürt, daß er durch eigenes Machen nicht endgültig gerettet und wunschlos glücklich werden kann. Er steht vor zerbrochenen Wegweisern. Papst Paul VI. nannte dieses weltweite Suchen den »Hunger nach mehr Menschsein«.

Nina Rauprich

Fee

In meiner Kindheit hatten wir einen dienstbaren Geist namens Felicitas. Sie wurde aber nur Fee gerufen. Mit jenen holden Wesen, die zart und scheu durch unsere Märchenwelt geistern, hatte unsere Fee allerdings keine Ähnlichkeit. Sie war mehr breit als lang, hatte strähnige Haare, die sie mit zwei breiten Klemmen hinter den Ohren zusammenhielt. Ihr Kinn war rot und borstig und konnte ganz unnatürlich zittern, was uns Kinder immer zum Lachen reizte. Wenn sie meine Geschwister oder mich zu fassen kriegte, drückte sie uns an ihren fleischigen Busen, in dem wir wie in einem Federkissen versanken. Ich fürchtete mich vor dieser elementaren Zärtlichkeit ebenso wie vor ihrer schrillen Stimme.

Alles, was unsere Eltern uns geduldig an Anstand und gutem Benehmen beibrachten, schien für Fee ungültig zu sein. Sie saß breitbeinig am Küchentisch, schlürfte Unmengen Suppe in sich hinein und rülpste anschließend wie ein Nilpferd. Sie war ein Musterbeispiel an Unweiblichkeit. Beim Lachen schlug sie sich auf die Schenkel, trank auch heimlich Branntwein und war stets von einer Dunstglocke aus Seifenlauge und Sauermilch umgeben.

Niemand in unserer Familie hatte Respekt vor ihr, aber sie auch nicht vor uns. Wir taten sie als gewöhnlich ab, und sie hielt uns für eingebildet und zimperlich. Meine Mutter hätte sie gern entlassen. »Sie hat kein bißchen Würde«, sagte sie zu meinem Vater. Doch er antwortete nur: »Bei einer anderen Familie findet sie keine Anstellung, also bleibt sie.«

Arbeiten konnte sie allerdings wie ein Pferd, und die Erwachsenen behandelten sie auch nur wie ein nützliches Haustier. Alle groben Arbeiten in Stall und Garten wurden ihr zuge-

schoben. Wir Kinder schrien »Dreckfee« hinter ihr her. Sie war eben nichts als ein dümmliches ungehobeltes Hausfaktotum.
Doch in jedem Leben kommt einmal die Stunde, in der Außergewöhnliches von uns gefordert wird. Entweder wachsen wir dann über uns hinaus, oder wir versagen kläglich. Fees großer Augenblick kam, als meine Mutter von heute auf morgen mit drei unmündigen Kindern, und schwanger mit dem vierten, aus unserer ostpreußischen Heimat fliehen mußte. Fee kam unaufgefordert mit. Sie zog den schwer bepackten Handwagen über aufgeweichte Feldwege, pflückte Brennesseln, aus denen sie Spinat kochte, sammelte Waldkräuter, um meine Ruhr zu lindern, und bettelte den Bauern Eier und Milch für uns ab. Sie baute Lager aus Tannenzweigen, wenn wir nicht einmal eine Scheune zum Übernachten fanden. Aber wichtiger als diese Hilfeleistungen war ihre unerschütterliche Ruhe, ihre nie versagende Geduld, mit der sie uns immer wieder Mut machte, uns tröstete und auf wunderbare Weise die letzten Kräfte in uns mobilisierte.
Kurz vor Berlin, bei einem mörderischen Bombenangriff, half sie meinem Bruder auf die Welt. Dann warf sie unsere letzte Habe aus dem brüchigen Handwagen, packte meine Mutter und das Baby hinein, band meine Schwestern und mich mit einem Seil an dem Wagen fest und zerrte uns durch die Nacht. Am nächsten Morgen kamen meine Mutter und das Baby in ein Krankenhaus und wir Kinder zu einer Tante nach Charlottenburg. Wo Fee einen Unterschlupf fand, weiß ich nicht mehr, jedenfalls nicht bei unserer Tante. Es war dort wohl zu eng für so viele Flüchtlinge. Dennoch hielt es Fee nicht für unter ihrer Würde, auch weiterhin für uns zu sorgen. Unermüdlich war sie unterwegs, um Essen für uns aufzutreiben. Sie verscherbelte das Tafelsilber meiner Tante auf dem schwarzen Markt und kam mit Kartoffeln und Margarine zurück. Bei einem der letzten Bombenangriffe war Fee unterwegs, um Kohlen zu beschaffen. Sie kam nicht wieder. Alle

Nachforschungen waren vergeblich. Fee war umgekommen, wie viele damals, ohne eine Spur zu hinterlassen.
Doch in meiner Erinnerung ist sie lebendig geblieben. Später war es keine Frage mehr für mich, wer mehr Würde in sich trug, wir, in unserer gebildeten Wohlerzogenheit nach dem Erziehungsziel meiner Eltern, in uns eine edle Gesinnung zu wecken, oder Fee, in ihrer ungehobelten Art und ihrer unerschütterlichen Treue.

Luise Rinser

Gefängnistagebuch

5. November 1944

Gestern war mein Anwalt wieder da. Er kam spät und brachte mir nichts Neues. Meine Akten seien in München bei der Gestapo, und es könne noch einige Wochen dauern, bis sie zurückkommen. Ich hatte einen Wutausbruch. Ich sagte, er müßte die Angelegenheit beschleunigen, aber er ließe alles laufen, so langsam es eben läuft. Er schrie, ich soll mir einen anderen Anwalt suchen. Ich sagte: »Gut, ich werde.« Ehe ich aber zur Tür hinausging, rief er mich zurück und begann zu klagen, daß es ihm zumute sei wie einem Manne, der im Schlaf schreien und laufen will und nicht kann. Dieses Gefühl der Lähmung, der Ohnmacht im »Dritten Reich« sei unerträglich, und das Los der politischen Gefangenen liege ihm vor allem am Herzen, aber gerade für sie könne man in der Regel gar nichts tun. Er versprach zum Schluß, mir eine Unterredung mit dem Gestapo-Oberleutnant R. zu vermitteln.
Möglicherweise nützt es. Man greift hier gierig nach allem, was Rettung, Beschleunigung oder auch nur Abwechslung bedeutet. Ich wurde, mit fünf anderen, erst kurz vor halb sieben Uhr zu ihm gerufen. Wir mußten in dem eiskalten, stets zugigen Erdgeschoßflur warten, bis der Anwalt die Männer abgefertigt hatte. Sie standen wartend hinter dem Gitter. Ein Aufseher ging hin und her, uns bewachend, daß wir kein Wort und keinen Blick mit den Männern wechselten. Unter den Gefangenen ist ein großer, selbstbewußt aussehender Mann. Frau S., die Bremerin, flüsterte mir zu, es sei ein SS-Major, der irgend etwas Politisches verbrochen habe. Was, wußte sie nicht. Er blieb unendlich lange beim Anwalt. Die Uhr schlug sieben

Uhr und dann Viertel nach, und er war immer noch nicht fertig. Wir zitterten vor Frost. Der Aufseher ging ins Büro, um sich zu wärmen. Dort knisterten und krachten die dicken Holzscheite. Die Küchenfrauen gingen vorüber, dampfende Teekannen in der Hand. Meine Erkältung quälte mich. Frau S. und ich kauerten uns in eine Türnische neben dem Gitter, um uns gegenseitig zu wärmen. Einer der gefangenen Männer, die dort warteten, begann leise eine Unterhaltung. Er ist der Anführer einer Bande von fünf Burschen aus R., die ebenfalls politisch verhaftet sind. Sie schienen »links« zu sein, jedenfalls macht der Lange kein Hehl aus seinem Haß gegen die Nazis. Er hat mit den anderen ein »Tischgebet« verfaßt, in dem er Hitler dankt dafür, daß er uns nacheinander alles genommen hat, das Fett, die Eier, den Zucker, das Mehl und schließlich auch noch die Schüssel, aber – und das ist der Refrain (leider weiß ich es nicht mehr wörtlich) – wir dankten dem Führer für all seine Liebe zu uns. Es ist recht bitter und aufsässig. Dieses Gebet hat er auf Zettel geschrieben und in Briefkästen geworfen. Schließlich kam man ihm auf die Spur. Mir scheint, es steckt noch einiges dahinter, worüber er nicht reden will, aber er flüsterte mir zu, ihre Sache wäre in Berlin am Volksgerichtshof und lautete auf Hochverrat, und es sei nicht unwahrscheinlich, daß – er machte die Gebärde des Aufhängens. Im nächsten Augenblick erzählte er schon wieder voll bösartigen Humors einen politischen Witz, den ich leider nicht fertig hörte, da der Aufseher zurückkam. Er trieb uns aus unserer Ecke, jagte uns zehn Meter von den Männern weg und schrie: »Ihr Luder, das tät euch so passen, mit den Mannsbildern poussieren. Schaut die nicht an! Noch im Gefängnis probieren sie's. Für euch ist Dachau noch zu gut.« Ich maß ihn mit einem bösen Blick. Er fing ihn auch prompt auf und eröffnete ein Bombardement von Schimpfworten auf mich. Schließlich mußten wir uns alle mit dem Gesicht zur Wand drehen und so stehen bleiben. Wir erstarrten allmählich zu Eis. Der Aufseher hielt die Kälte nicht lange aus und zog sich in die warme Stube zurück. Endlich war der SS-Major fertig. Der Lange wurde bedeutend schneller abgefertigt, für uns blieben ein paar Minuten. Die letzte, Frau H., knurrte der Anwalt an, als sie eintrat: »Was wollen Sie denn schon wieder? Ich kann nichts tun für Sie.« Es war fast neun Uhr, als wir endlich alle fertig waren. Der Anwalt ging. Der Aufseher brachte die Männer in ihre Zellen und ging. Das Licht wurde bis auf eine kleine Lampe gelöscht. »Fräulein Sch. wird gleich kommen und euch hinauflassen«, sagte der Oberverwalter und ging ebenfalls. Wir warteten, steifgefroren, müde, hustend. Endlich kam Fräulein B., die Hilfsaufseherin. »Ja«, sagte sie im Vorbeihuschen, »ich komme gleich.« Sie verschwand im Büro. Wir hörten lautes Gelächter und das Knistern des Feuers. Es war neun Uhr durch, als wir endlich geholt wurden.

In dieser Stunde habe ich das, was mein Verstand seit Jahren begriffen hat, mit meinem ganzen Wesen erlebt: Die Kälte, Gleichgültigkeit und Roheit der Welt. Heute nun liege ich im Bett. Ich habe stechende Schmerzen auf der Brust, außerdem Durchfall, Husten und Schnupfen. Die Zelle ist kalt. Ich bekam mittags nichts als Tee. Es ist irgendein Kräutertee, nicht einmal Kamillentee. Mag sein, daß es gut gegen den Durchfall ist, nichts zu essen; aber der Hunger ist noch schlimmer als der Durchfall. Angenehm ist lediglich, endlich einmal allein zu sein.

Eben kam Resi, die Braut des Deserteurs. Während der Arbeit war ihr schlecht geworden. Nun liegt sie lautlos weinend auf ihrer Pritsche, wankt ab und zu an den Eimer und erbricht sich und stöhnt aus Angst vor der möglichen Schwangerschaft. Sie tut mir leid. Sie wird eine hohe Gefängnisstrafe bekommen und handelte doch nur aus Dummheit und Liebe. Sie verliebte sich in einen Mann, der sie liebte oder zu lieben vorgab. Sie ist haltlos, sinnlich und der schrankenlosen Hingabe fähig. Als sie schon tief in ihre Liebe verstrickt war, erfuhr sie, daß der Geliebte Deserteur war. Wofür nun wird sie bestraft? Für ihre

Dummheit und ihre blinde Liebe, dafür, daß für sie die Ehre die Ehre ist, weiter nichts, und die Liebe alles.
Wie leicht habe ich früher die Menschen abgeurteilt. Nun sehe ich jeden Menschen wie in einem Netz gefangen. Bei dem einen heißt das Netz Not, bei dem andern Affekt und Leidenschaft, bei dem andern Leichtsinn und Irrtum. Viele Delikte sind in einem Zustand begangen worden, der den Psychiater mehr angeht als den Richter. Viele Verbrechen wären sicherlich überhaupt nie begangen worden, wäre die Gesellschaftsordnung sozialer, und wäre die Überschätzung von Besitz und Sicherheit aus der Welt geschafft.
Alle diese Verbrechen werden heute bestraft mit Haft, von der vier, acht oder zwölf Wochen langen Polizeihaft bis zu Gefängnis, Zuchthaus und Konzentrationslager. In der Haft wird alles getan, um den Sträfling sein Verbrechertum, seine Minderwertigkeit, sein selbstverschuldetes Ausgeschlossensein von der freien menschlichen Gesellschaft hart, nackt und gründlich empfinden zu lassen. Eine Haft von kurzer Dauer mag ohne ernstliche Folgen für das Selbstbewußtsein und das moralische Verhalten des Sträflings sein. Eine längere Haft aber wirkt unter allen Umständen demoralisierend. Man wird hier im Gefängnis gerade zum Gegenteil von dem, was man werden soll. Man wird asozial. Ist man erst einmal ausgeschlossen aus der Gesellschaft, beginnt man, sich selbst auszuschließen. Man verlernt Verantwortung, man hat hierja keine. Man will auch keine mehr. Man lernt den bösen, lauernden Haß gegen die Unterdrücker, man wird zum Heuchler, man lernt das Stehlen, falls man es noch nicht konnte. Man lernt die heimtückische Rache, man übt hundert kleine Racheakte, man verliert allmählich das Bewußtsein der Menschenwürde, man wird zum geprügelten, bösartigen, kriecherischen oder stumpfen Tier. Es bedarf großer geistiger Reserven, um hier Mensch zu bleiben. Erst im Gefängnis lernt man seine bösen Instinkte kennen. Ich beobachte das an mir selbst: mein Sinn steht vorwiegend nach Essen, nach kleinen, erschlichenen Be-

quemlichkeiten, wie etwa einer zweiten Bettdecke, die ich in einer offenen Zelle klaute, da ich so friere; ich hasse die Aufseherinnen, ich fühle bisweilen das heftige Bedürfnis, eine von ihnen über die Treppe zu stoßen, wenn sie vor mir geht. Ich werde rebellisch, finster, gehässig und rücksichtslos. So tauschte ich heute meine harte Matraze gegen die weichere von Resi ein. Niemand hat es gesehen.

Wäre es nicht tausendmal besser, man schaffte die Gefängnisse und Zuchthäuser ab? Es gibt einige Sorten von Verbrechern, die man aus der Welt schaffen muß: unverbesserliche, asoziale Elemente. Die übrigen, deren Verbrechen darin besteht, daß sie die anderen — einzelne oder die Gesellschaft — geschädigt haben, müssen den Schaden wiedergutmachen durch Geld oder durch Arbeit für die Gesellschaft.

Wäre es nicht tausendmal besser, es gäbe anstelle von Gefängnissen Arbeitslager, in denen die Häftlinge relative Freiheit hätten, menschlich und niemals ungerecht und demütigend behandelt würden und das Bewußtsein bekämen, wichtige und wiedergutmachende Arbeit für die Gesellschaft zu tun? Man bessert Menschen niemals durch Demütigung und Unterdrückung, sondern nur durch Erziehung, durch Hebung des Selbstbewußtseins und richtige Lenkung der Kräfte. Wenn man das doch einmal begreifen wollte.

Matthias Scherzer

Schulalltag

In den letzten fünfzig Jahren hat sich unser Schulsystem gewaltig verändert. Schule von damals verbinde ich mit Strenge, verknöcherten Lehrern und mit Begriffen wie Rohrstock, Nachsitzen und Strafarbeiten. Heute dagegen hält ein Lehrer schon mal seinen Unterricht in legerer Kleidung und trägt sein Haar länger, als es von einem Beamten erwartet wird. Schülermitverwaltung und Vertrauenslehrer gehören zum Schulalltag. Und Toleranz ist nicht nur ein Schlagwort in der Erziehungsarbeit. Lohnt es sich also noch, über Schule und Menschenwürde nachzudenken?
Mit der Prügelstrafe ist wohl auch die gröbste und offensichtlichste Menschenrechtsverletzung aus dem Schulleben verschwunden. Doch die dem Menschen verliehene Würde, die Kinder und Jugendliche einbezieht, kann auch auf andere Art und Weise verletzt werden. Bedingt durch zu große Klassen, gehen manche Lehrer dazu über, Schüler nur als Nummern in ihrem Notenbuch zu betrachten, sie werden zu »Lernmaschinen« degradiert. Solche Methoden ersparen dem Lehrer die Mühe und Arbeit, sich mit seinem Schüler und dessen Persönlichkeit intensiv zu beschäftigen. Sensible und robuste, schwache und gute Schüler, die gerade ein Leistungstief durchmachen, werden häufig Opfer solcher »Pauker«. Man wird als Lernender zur Zielscheibe zynischer Bemerkungen, versteckter Beleidigungen und bei mündlichen Prüfungen wird man vor der ganzen Klasse nach allen Regeln der Kunst fertiggemacht. Welche Auswirkungen eine solche Behandlung auf die Persönlichkeit und damit auch auf die Würde eines Schülers haben kann, ist unschwer zu erkennen. Mangelndes Selbstvertrauen, Mißtrauen gegenüber der Umwelt, Ver-

schlossenheit und manchmal sogar Depressionen sind die Folgen. Im schlimmsten Fall verliert der Schüler die Achtung vor sich selbst. Auch für die Eltern entstehen dadurch große Schwierigkeiten, da sie solchem Geschehen fast hilflos gegenüberstehen.

Natürlich ist auch das Lehrersein in der heutigen Zeit nicht ohne Probleme. Nicht wenige junge Lehrer, die voll guter Vorsätze und mit viel Idealismus an ihr erstes Lehramt herangehen, sind schnell vom Alltag überrollt worden. Gerade Referendare oder Junglehrer, die ein besonders gutes Verhältnis zu ihren Schülern aufbauen wollen und dabei viel Vertrauen in sie setzen, werden rücksichtslos ausgenützt. Es gibt unter Schülern auch solche, die den Unterricht dieser Lehrkräfte kaputt machen und ihre Frustrationen an ihnen auslassen. Ein solches unbarmherziges Vorgehen meiner Altersgenossen ist mir nicht unbekannt. Viele junge Lehrer können sich dann in solchen Situationen nicht mehr behaupten, weil es ihnen noch an Erfahrung und Autorität mangelt. Es kann passieren, daß sie ihr Gesicht vor der Klasse verlieren und damit auch ihre eigene persönliche Würde. Entweder entwikkeln sie sich dann aus Notwehr zu rücksichtslosen »Paukern«, oder sie versuchen, ihr angeknackstes Selbstvertrauen zum Beispiel mit Hilfe von Alkohol wieder herzustellen. Man kann also auch hier von Opfern der Schule sprechen. Das ist zu bedauern, denn gerade unter jungen Lehrern gibt es viele, die mit dem Lehrberuf nicht nur eine solide Beamtenstellung anstrebten, sondern die aus Liebe zur Sache in den Schuldienst gegangen sind. Neben der Bewältigung des Lernstoffes sind sie bereit, mit uns über unsere Probleme zu diskutieren.

Aber Gott sei Dank sind im Getriebe des Schulalltags nicht alle Lehrer unter die Räder gekommen. Solche Lehrkräfte haben im Laufe der Jahre eine Art entwickelt, die es dem Schüler leicht macht, Vertrauen zu ihnen zu haben. Seelische Mißhandlung von Schülern kommt ihnen nicht in den Sinn. Zwischen ihnen und den ihnen anvertrauten Jugendlichen entwikkelt sich oft eine persönliche Beziehung, die auch nach Ende der Schulzeit weiterhin bestehen bleibt. Hier läuft der Schulalltag tatsächlich auf einer freundschaftlich-kameradschaftlichen Ebene ab, ja, hier ist das Wirklichkeit geworden, was echte Schule auszeichnet: gegenseitige Achtung der Person und der Würde des anderen. Schüler haben durchaus ein Gespür dafür, ob der Mann vor der Klasse nur Wissensvermittler oder ob er auch Erzieher ist, oder wenigstens Anstrengungen macht, ein solcher zu sein. Nicht selten haben derartige Freundschaften eine Dauer über Jahrzehnte hinweg, so daß bei Jubiläen oder auch bei Beerdigungen einer solchen Lehrkraft oftmals die Klasse vollzählig vertreten ist, was nicht verwundern sollte.

Der Zweck der Schule ist bekannt: Vermittlung von Grundkenntnissen, Vorbereitung auf die Aufgaben, die in Familie, Staat, Beruf und Gesellschaft erwachsen, Einführung in die Grundlagen von Kultur und Zivilisation sowie nationaler und heimatlicher Tradition.

Schließlich zielt dabei alles auf die geistige und charakterliche Erziehung hin. Nur sie kann die Persönlichkeit eines Schülers vervollkommnen, ihn Achtung vor der Würde des anderen lehren und ihn zu einem toleranten Menschen werden lassen.

Das ist meiner Meinung nach nicht möglich, wenn diese Grundprinzipien unbeachtet bleiben oder gar verletzt werden. Lehrer und Schüler müssen lernen, einander als Menschen mit unantastbarer Würde zu respektieren. An vielen Schulhäusern stehen wegweisende Worte von Pestalozzi. Auch wenn der berühmte Pädagoge vielleicht ein wenig zu optimistisch von den Menschen gedacht haben sollte, sein Rat ist trotzdem richtig: Ohne echte Mitmenschlichkeit geht es nicht im Raum der Schule.

Hermann Höcherl

Holperige Versuche

Sehr verehrter Herr Pfarrer John!

Von Zeit zu Zeit habe ich über Ihren Brief nachgedacht. Berufliche und andere Probleme haben mich wieder abgelenkt. Schließlich meinte ich doch, ich sollte Ihrer Einladung folgen, aus meiner Sicht eine Definition des viel mißbrauchten Begriffs »Menschenwürde« zu versuchen.
Unser Grundgesetz stellt die Menschenwürde in Artikel 1 an den Anfang seiner Ordnung, ohne den Begriff selbst zu definieren. Für die Verfassungsväter war dieser Begriff in sich begründet.
Die Rechtsprechung hat sich in der Anwendung auf den Einzelfall — und das ist die Aufgabe der Rechtsprechung — um diese Definition bemüht, die man (mit Maunz/Dürig) allgemeinverbindlich für den Rechtsbereich so verstehen kann: »Jeder Mensch ist Mensch kraft seines Geistes, der ihn abhebt von der ursprünglichen Natur und ihn aus eigener Entscheidung dazu befähigt, seiner selbst bewußt zu werden, sich selbst zu bestimmen und sich und die Umwelt zu gestalten.«
Für meinen Geschmack ist diese Definition ein holperiger Versuch einer Begriffsbestimmung für die Rechtsanwendung in verfassungsrechtlichen Streitfällen.
Es gibt, weltweit gesehen, kein religiöses oder philosophisches System, das die Menschenwürde nicht tiefer und besser formuliert hätte. Selbst die etwas überheblich als Primitivreligionen bezeichneten transzendentalen Religionen haben die Menschenwürde ausgesprochen oder implizit zum Kern ihres Systems gemacht.
Die anspruchsvollste Definition der Menschenwürde findet

sich im 1. Kapitel der Genesis, Vers 26: »Und Gott sprach: Lasset uns den Menschen machen als unser Bild nach unserem Gleichnis.« Diese Definition übersteigt alles, was in den bekannten religiösen und philosophischen Systemen jemals über den Menschen und seine Stellung in der Schöpfungsordnung gesagt wurde.

Die Genesis hat offenbar selbst Hemmungen über diese unerhört ausgreifende Wesensbestimmung des Menschen empfunden und im 3. Kapitel zum Sündenfall zwar die Begriffsbestimmung nicht zurückgenommen, aber doch relativiert.

Bisher ist es keinem von Menschen erdachten System zur Wesensbestimmung des Menschen gelungen, die Spannung zwischen der Realität des menschlichen Daseins und den in ihm angelegten Möglichkeiten besser gleichnishaft zu erklären. Für mich ist eine bessere Lösung der bleibenden Rätsel nicht denkbar. Wir müssen und können damit leben. Jede perfekte Formel würde uns ärmer machen, schon deshalb, weil sie das Bemühen behindern würde.

Jede Lösung, in dem einen oder anderen Sinn, würde unser Leben, Sinnen und Trachten, mit allen damit verbundenen Risiken, determinieren und Schuld und Sühne, Verdienst und Anerkennung aufheben.

Ich bleibe aber bei Genesis Kapitel 1, Vers 26 und Kapitel 3.

Für Sie als Kirchenmann werden das laienhafte Überlegungen sein.

Mit freundlichen Grüßen
Ihr

Hermann Höcherl

Hartwig Drude

Christliches Menschenbild?

Während einer Jahrestagung des Evangelischen Fachverbandes Nichtseßhaftenhilfe flackerte am letzten Morgen ein Streit auf. Es ging um das »christliche Menschenbild«. Gibt es so etwas? Wenn ja, wie kann es beschrieben werden? Wenn nicht — was dann?

Die Urkunde des christlichen Glaubens, die Bibel, sagt: »Du sollst dir kein Abbild machen von irgendetwas Lebendem!« (Ex 20,4). Dies Verbot ist eindeutig. Es untersagt jegliches Bilder-Machen ohne Einschränkung. Dennoch wurde es im Christentum oft vergessen. Die Literatur hat es in unserem Jahrhundert wieder ins Bewußtsein gerückt. Zum Beispiel Max Frisch in »Andorra« und in seinen Tagebüchern. Oder Bertolt Brecht in seinen Keuner-Geschichten (»Wenn Herr K. einen Menschen liebte«). Sie decken auf, was geschieht, wenn einer vom andern »Bilder«, »Entwürfe« macht. Diese werden zu Zwangs-Bildern, an die der Betroffene (auch der »geliebte«) sich angleichen muß, sei es nackt gewaltsam und um den Preis des eigenen Lebens (auch von Jesus hatten seine Ankläger ein »Bild«), sei es subtiler »therapeutisch«.

Christen haben mitgetan beim Bilder-Machen. Ob das Bild nun »Heide«, »Jude«, »Hexe«, »Ketzer«, »Marxist« oder anders hieß. Die Bilder (»idea«) gaben Gründe her für Verfolgung, Ausrottung. Doch auch wenn sie positiver ausfallen (»Idealismus«), bleibt das Bilder-Machen selber untersagt. Das Verbot fordert gewaltfreien Glauben; denn Bilder-Machen dient immer der Ausübung von Macht.

Es gibt im Christentum kein Menschenbild, das einer vom andern entwerfen und mit sich herumtragen dürfte. Denn der andere Mensch, auf den das Bild projiziert werden soll, trägt nach biblischem Glauben schon ein Bild, nämlich das Bild Gottes. »Gott schuf den Menschen sich zum Bilde« (Gen 1,27). Jesus greift das drastisch auf: »Gebt mir die Münze! Wessen Bild trägt sie? Des Kaisers? — Doch wessen Bild tragt ihr? — Gebt Münzen (Steuern) dem, der sein Bild draufgeprägt hat. Gebt euch selbst Gott, der sein Bild auf euch geprägt hat!« (Mk 12,15ff) Nicht das Bild, das einer vom andern entwirft, entscheidet über unsere Menschlichkeit, sondern das Gottes-Bild, das mit dem anderen auf uns zukommt.

Die Frage der Bibel an den Menschen lautet: Ob wir dies gelten lassen, das Gottes-Bild im andern; das Bild, das schon *vor* allen »Menschen-Bildern« da ist und geachtet sein will — Grund zu gleicher Würde und zu gleichen Rechten für sehr Verschiedene, aber für alle.

Die Rede vom »christlichen Menschenbild« gerät schnell in die Nähe des Versuches, Gleichheit, gleiche Menschenrechte, gleiche Ausgangslage aller Menschen zu leugnen. Wer davon spricht, wird freilich sagen, sein Menschen-Bild verpflichte ihn, Ungleichheit zu überbrücken und die Ungleichen aneinander zu weisen. Er setzt in Wahrheit Ungleichheit voraus. Sein Menschen-Bild, auch das des Glaubens, erlaubt ihm dies. So siegt die Ungleichheit, die er voraussetzt, schließlich über das, was er im Sinn hat: Die Überwindung der Ungleichheit.

Ungleichheit ist nicht zuletzt Folge der Bilder, die Menschen voneinander machen. Dem entgegen steht der Auftrag, einander gerecht zu werden und nichts als das »Gottes-Bild« im andern Menschen vorauszusetzen und zu achten. Dies ist der Kern und Grund des christlichen Gleichheitsgedankens. Er fordert, statt auf das Menschen-Bild auf die Menschen-Rechte zu setzen und zu pochen, mit dem Ziel einer allen geltenden Gerechtigkeit. Da dies durch die Rede vom »christlichen Menschenbild« bisher eher verhindert als gefördert wurde, lautet die entscheidende Frage künftig nicht: »Wie sieht ein christliches Menschenbild aus?«, sondern: »Welchem Zweck dient die Berufung auf ein solches?«

Helmut Frenz

Mehr oder weniger Menschenwürde

»Alle Menschen sind frei und gleich an Würde und Rechten geboren«. So lautet der erste Satz der Allgemeinen Erklärung der Menschenrechte. Wer diesem Satz uneingeschränkt in Theorie und Praxis zustimmt, kann es nicht hinnehmen, daß vielerorts die Menschenwürde relativiert wird, indem es Menschen mit mehr Würde und andere mit weniger geben soll. Welchen Wert der Mensch hat, hängt allein davon ab, welche Würde ich ihm zuerkenne. Die Geschichte der Menschheit belegt sehr deutlich, daß im Zusammenleben der Menschen große Unterschiede hinsichtlich der Menschenwürde gemacht werden.

Zwar gibt es offiziell keine Sklaverei mehr; dennoch gibt es vielerorts immer noch Zwangsarbeit. Obgleich allen Menschen Überzeugungs- und Gedankenfreiheit zugestanden wird, leben Hunderttausende in Gefängnissen und Konzentrationslagern, nur weil sie andere Überzeugungen haben als die jeweiligen Machthaber. Ebenso sollen Mann und Frau gleichgestellt sein; dennoch werden sehr viele Frauen — ja, vielleicht sogar die meisten Frauen — benachteiligt und von den Männern diskriminiert. Wie würdelos Menschen behandelt werden, zeigen die vielen Folterberichte aus fast allen Machtbereichen dieser Erde.

Der Wert des Menschen wird von seiner Würde bestimmt. Wenn also die Menschen so unterschiedlich bewertet werden — und das gilt ganz sicher auch in bezug auf Arbeit und Lohn — , dann heißt das doch, daß wir ganz offensichtlich immer noch die Menschenwürde relativieren, und daß es eben doch Menschen mit »mehr Würde« und andere mit »weniger Würde« gibt.

Was mich immer wieder so bedenklich stimmt, ist die alltägliche Erfahrung, daß sehr viele Menschen sich mit der unterschiedlichen Bewertung der Menschenwürde einfach abfinden. Und was noch schlimmer ist: Sehr viele Zeitgenossen fügen sich nicht nur diesem unmenschlichen System, sondern sie benutzen es zum Erwerb von »mehr Würde« und — wie sie meinen — auch von mehr Rechten.
Oft wird mir vorgehalten, daß es doch nichts Schlimmes sei, wenn man auf allen Gebieten nach Höherem und nach »Mehr« strebe. Schlimm ist es aber immer dann, wenn es auf Kosten anderer geht. Bei der Menschenwürde ist das ganz sicher der Fall; denn jedes »Mehr« an Würde bei dem einen bedeutet ein »Weniger« bei dem anderen. Da es aber gar nicht möglich ist, sich mehr Würde zuzulegen, kann es nur dadurch geschehen, daß ich dem anderen »ein bißchen« Menschenwürde einfach abspreche. Genau hier sitzt die Wurzel des Übels: Dem Menschen wird »ein bißchen« Würde abgesprochen — oder wie ich häufig sagen hörte: Die Menschenwürde wird ein bißchen eingeschränkt. Wir müssen uns darüber klar werden, daß Einschränkungen der Menschenrechte dasselbe ist wie Menschenrechts*verletzung*.
Damit ich nicht mißverstanden werde: Ich rede nicht nur vom Verhalten des Staates, sondern auch vom Verhalten des Einzelnen. Ich bin immer wieder erschrocken, wie erbarmungslos sehr viele Menschen über diejenigen reden, die mit dem Gesetz in Konflikt geraten sind. Wie schnell spricht man den Strafgefangenen die Menschenwürde ab! »Die haben es ja nicht anders verdient«, sagt man dann. Ähnlich verhält es sich häufig mit der Verurteilung des politischen oder ideologischen Gegners: Schnell ist er verteufelt, und genauso schnell wird er ins Konzentrationslager, in die Folterkammer oder aufs Schafott gebracht.
Kein Mensch kann seine Menschenwürde verlieren. Er kann sie auch durch nichts verwirken. Sie darf ihm von niemandem abgesprochen werden. Da der Mensch seine Würde nicht er-

wirbt und sie ihm auch nicht zugesprochen wird, kann sie ihm nicht genommen und nicht eingeschränkt werden. Sie kann aber verletzt und besudelt werden; und wer das tut oder gutheißt, stellt seine eigene Menschenwürde in Frage.

Elisabeth Baden

Was war mit mir?

Im 8. Psalm steht etwas Großes über die Würde des Menschen: »Du hast ihn [den Menschen] wenig niedriger gemacht als Gott.« Welch eine Würde, welch eine Verantwortung! Die Würde des Menschen hat also zu tun mit seiner Gottebenbildlichkeit. Der Mensch ist ja das einzige Geschöpf, das zu Gott reden kann, zu dem er selbst, der allmächtige Gott, reden will, dessen Schicksal bei ihm bis ins Letzte ernst genommen ist. »Wenig niedriger als Gott«, das heißt dann: auch dem Menschen sollen menschliche Schicksale nicht gleichgültig sein. Der Mensch ist gerufen zur Liebe. Nicht, zu lieben wie Gott liebt — wer könnte das? Aber: wenig niedriger! Das ist Menschenwürde, die Würde des andern zu schützen. Da gibt es Verletzungen auf Schritt und Tritt, harmlose — und böse, sehr böse. Schon ein Kind hat seine Würde, eben die Würde eines Kindes, die ihm zugestanden werden muß.

Ein Besuch in der Familie, eine vornehme, etwas herablassend freundliche Dame. Das vierjährige Töchterchen macht seinen Knicks. Die Dame: »Ach, da ist ja unser Püppchen«. Das Kind mit ernstem Gesicht: »Bin kein Püppchen, bin echt.«

Besuch bei einer alleinstehenden älteren Dame im Krankenhaus. »Ach, wie gut, daß Sie kommen, nun bin ich doch wieder eine Person. Hier bin ich nur ein ›Fall‹«. Auf dem Flur bestätigte es mir ein erhaschtes Wort zwischen zwei Pflegern: »Der Blinddarm auf Nummer 14«. Gespräch mit einem Arzt: »Es ist sehr schwer, hinter der Krankheit immer den ganzen Menschen zu sehen, weil man sich ja mit dem Krankheitsbild so intensiv beschäftigen muß. Und doch ist es so wichtig für die Therapie, daß man dem Kranken seine Würde läßt«.

In der Eisenbahn belauschtes Gespräch. Zwei junge Männer

im Nachbarabteil. Eine Illustrierte, im Gepäcknetz liegengeblieben, wird angeschaut. »Mensch, das hängt einem doch zum Halse raus, diese nackten Weiber. Das sind gar keine Mädchen, das sind nur Busen«.
Im Altersheim, ein alter Herr, ehemals eine bedeutende Persönlichkeit, nun hilflos gelähmt. Die Pflegerin kommt herein: »So, nun essen wir schön«. Unwirsche Antwort: »Wir, wir — Sie vielleicht, ich nicht.« Der Ton einem alten Menschen gegenüber wie der Ton zu Vorschulkindern — das verletzt die Würde!
1940. Ich konnte noch nach Holland reisen. Meine Schwester lebte dort und war krank. In Osnabrück stieg eine ältere Dame ein, ein zartes, graziles Persönchen, offenbar von vornehmem Stand. Wir waren allein im Abteil und kamen ein bißchen ins Gespräch. Was man so redet unterwegs. Kurz vor Bentheim ein leiser Seufzer: »Ich habe Angst, ich bin Jüdin.« Paßkontrolle. »Aha, Sie sind das. Gepäck nehmen und mitkommen«. Als es nicht schnell genug geht: »Na, wird's bald, soll ich hier ewig warten?« Ein Blick in mein erschrockenes Gesicht: »Was sehn Sie mich so an? Hat Ihnen die Person vielleicht etwas zugesteckt?« Mein »Nein« war alles, was ich gesagt habe. Zu Gott habe ich freilich mehr gesagt. Sie kam wieder, Gott sei Dank, sie kam wieder. In letzter Minute vor Abfahrt des Zuges: Frisur ramponiert, Mantel verkehrt geknöpft, Koffer schlecht geschlossen. Aber sie kam, und ihre Haltung war wie vorher: stolz und frei und charmant. Gesagt hat sie nichts von dem, was ihr widerfahren war. Aber sie sah die Tränen in meinen Augen, das zeigte mir ihr »Danke«, als sie ausstieg.
Der Mensch kann seine Würde wegwerfen. Der Beamte hat es getan, sein Gesicht war würdelos. Die, die gedemütigt werden sollte, hat die Würde gewahrt — ja, vielleicht ist sie unter der Demütigung noch gewachsen. Wie war es mit mir? Kein Wort, kein Protest, nur ein paar Tränen. Zur Würde gehört das Mitleiden, aber auch das Bestreben, des anderen Würde

zu schützen. Ich konnte es nicht tun, das hat mich lange nicht losgelassen. Zur Menschenwürde gehört die Bitte um Vergebung, und in der Kraft erfahrener Vergebung der Mut zu neuer Liebe.

Alois Brems

Ecce homo

Jedem Menschen kommt eine unverlierbare Würde von seinem Ursprung her zu. Gott ist der Schöpfer und Vater allen Lebens. Jeder Mensch verdankt sein Leben Gott und den Menschen, die ihn gezeugt und empfangen haben. Auch wenn der Mensch sich in Schuld verstrickt: Gott nimmt ihn an und liebt ihn.

Die Würde des Menschen gründet weiter darin, daß Jesus Christus, Gottes eingeborener Sohn, durch seine Menschwerdung sich gewissermaßen mit jedem Menschen verbindet. Im Antlitz jedes Menschen erkennen wir das Antlitz Jesu Christi. Oft ist es ein Ecce-homo-Bild, das entstellte Antlitz eines von äußeren Bedrängnissen und inneren Nöten Geschundenen und Geplagten. Jesus Christus liebt jeden Menschen. Ihm ist er Bruder geworden, für ihn hat er Leiden und Tod auf sich genommen.

Wir dürfen keinen Menschen aufgeben. Christus will jeden retten, selbst wenn er durch eigene Schuld sein Leben ruiniert hat und auf Abwege gekommen ist. Christus zieht seine Liebe nicht zurück. Solange einer lebt, wartet der Herr mit einer oft kaum verständlichen Geduld auf ihn, daß er sich ihm zuwende. Die Würde des Menschen wurzelt im Religiösen. Humanität, losgelöst von Gott, kann nicht genügen.

Dieter Voll

Ein Mensch ist verletzbar

Beides erleben wir an Kindern: wie menschlich es ist, Religion zu haben, und wie riskant. Religion — Geheimnis der Geborgenheit zwischen den Rätseln Woher und Wohin, Wunder des Gesprächs zwischen einem Unfaßbaren und mir. Der Mensch hat seine Würde da, wo er verletzbar ist, also vor allem in der Religion. Um Würde zu verweigern und Religion zu ersticken, reicht schon ein Satz: »Jeden Abend betest du, der liebe Gott soll deine Eltern beschützen, aber beim Abwasch helfen willst du nicht.«

So ein Kind hat eine bittere Lektion gelernt fürs Leben: Verbirg dein Inneres, sonst bist du dran. Verleugne deinen Glauben, sonst erpressen sie dich. Schweig und verwisch deine Spur. Roll einen Stein vor dein Herz und verbiete dir Gott. Dann bist du kein Heuchler, du nicht. Also reden Ehepaare lieber nicht von ihrem Glauben, über Sexuelles gern. Wer Wunden schlagen will, wähle den religiösen Bereich. Da geht es ganz tief. Die offene Flanke konfessioneller Mischehen. Woher der religiöse Kahlschlag kommt in den Familien? Vom Kopfschütteln, von der Ironie. Wer läßt sich schon einen Strick aus seinem Glauben drehen in einer Gesellschaft, der zum Stichwort Religion nur das Schlagwort Heuchelei einfällt.

Rat für Eltern, Eheleute, jedermann: Gutgemeint bewahrt nicht vor Affekten. Kein Streit heiligt die Mittel. Waffenverbot in der Intimsphäre. Und Religion ist sehr intim. Wer den Glauben eines Menschen denunziert, wertet dessen Würde ab. Viele Eltern wünschen ihren Kindern ein wenig Religiosität. Um sie noch mehr an sich zu binden? Oder ihnen eine menschliche Erfahrung zu vermitteln? Dann sollten sie sich eines untersagen: zweideutige Anspielungen auf Glauben und Beten der Kinder, wenn es an der Anpassung fehlt. Zu sich finden, angenommen werden, nicht geschimpft, leben und leben lassen vor Gott, ohne Konsequenzenmacherei — das wäre Religion im Sinne Jesu Christi.

In der Wüste brannte ein Dornbusch. Mose wollte nach dem Rechten sehen. Das sollte er nicht: »Tritt nicht herzu, ziehe deine Schuhe aus von deinen Füßen; denn der Ort, darauf du stehst, ist heiliges Land!« Ein Dornbusch unter vielen. Bild eines Menschen unter vielen. Er genießt Sicherheit, aber um den Preis der Kontrolle. Wenn das Unerwartete geschieht, wenn dieser Busch zu brennen anfängt, holt nicht die Spritze. Löscht nicht. Zieht eure Schuhe aus, denn da ist heiliges Land. Ein Mensch ist verletzbar geworden. Seine Würde steht in eurer Hand.

Das Bündnis zwischen Macht und Religion scheint wahrscheinlicher als die Verbindung von Religion und Machtlosigkeit. Sie ist das Problem religiöser Minderheiten, der Juden etwa, aber auch der Christen im atheistischen Gegenwind. Sie ist das Resümee der Bergpredigt Jesu. Noch immer findet die Religion erst in der Machtlosigkeit wirklich zu sich. Wer ahnt heute noch, wie verletzbar, wie schutzbedürftig Religion ist, dieses Attribut der Menschlichkeit? Der pauschale Vorwurf der Heuchelei gibt die Religion zum Abschuß frei. Früheren Generationen ist es mit der Natur so gegangen. Man hat sie als Bedrohung erlebt. Heute erleben wir die Natur und damit uns als bedroht. Der Religion steht diese Wende zugunsten des Menschen noch bevor.

Matthias Walden

Ohne Freiheit nicht herstellbar

Ein Mensch meines Alters und meines Lebensweges ist mit Verletzungen der Menschenwürde im Übermaß konfrontiert worden. Da waren die Demütigungen auf den Kasernenhöfen der Nazizeit, die furchtbaren Zerstörungen der Würde jüdischer Menschen und die Würdelosigkeit der Mitläufer und Anbiederer an die Macht.

In meiner Heimatstadt Dresden erlebte ich dann, wie der Kommunismus Menschenwürde untergrub, Individualität im Prokrustesbett der Gleichmacherei verstümmelte und Meinungsvielfalt auslöschte. Ich habe in den afro-asiatischen Armuts- und Elendsgebieten gesehen, wie Menschenwürde durch Hunger und Hilflosigkeit zerschlagen werden kann. Immer wieder erfuhr ich auch, daß politische Konflikte und Spannungen in vielen Fällen zu Würdelosigkeiten führten, die sich in Opportunismus, Machthunger und Unterwerfung zeigten.

Auf der Suche nach den gemeinsamen Wurzeln dessen, was Menschenwürde zerstört, fand ich vor allem zwei Ursachen: Der Abfall von Gott, die Glaubensverneinung oder auch »nur« der Mangel an Glaubenskraft führen fast zwangsläufig zu Würdelosigkeiten. Die Beschränkung auf das nur Irdische ist des Menschen nicht würdig. Ideologien — seien sie nun links- oder rechts-extremistisch — bedeuten immer dünkelhafte Unfehlbarkeitsansprüche, die anderen ihre Würde zu nehmen trachten und die Würde derer mit zerstören, die solchen Ideologien verfallen. Das galt nicht zuletzt für die würdelosen Rebellionen an unseren Universitäten, bei denen Lehrkräfte gedemütigt wurden.

Die zweite Wurzel ist der gewaltsame Entzug der Menschenrechte. Ohne das Recht auf freie Meinung, freie Presse, Freizügigkeit und freie Wahl der Regierenden verfällt Menschenwürde, wird ihr die Luft zum Atmen, der nährende Boden genommen.

Menschenwürde ist ohne Freiheit nicht herstellbar — es sei denn im Widerstand gegen die Unfreiheit. Die Bürgerrechtler in den Staaten des Sowjet-Imperiums geben bewundernswerte Beispiele für opferbereite Würde, die Würde des Widerstehens. Andererseits ist die garantierte Freiheit nur eine Voraussetzung, nicht aber die Garantie für die Würde der Menschen, die in ihr leben. Auch der Verfall des Freiheitsbewußtseins, die Ignoranz gegen die Einsicht, daß Freiheit Verantwortung heißt, ist würdelos.

Würdig aber ist, das Ideelle über das Materielle zu stellen, sich selbst und anderen darin treu zu bleiben, die eigene Fehlbarkeit zu erkennen und zugleich nach dem jeweils Besseren zu streben. Eine Welt ohne Menschenwürde verfiele dem Untergang.

Rudolf Schwarz

Die kleinen alltäglichen Schritte

Ist Menschenwürde an das mens sana in corpore sano, also an das völlige Intakt- und Gesundsein von Leib und Seele gebunden, oder ist dieser innere Adel auch den Menschen zu eigen, die wir durch die Klassifizierung »Behinderte« unrechterweise von der Gesamtheit abtrennen? Diese Frage kann aber doch nur kommen, weil es dabei eben um etwas uns Fragliches geht. Wo liegt also die Menschenwürde »Behinderter«? Menschwürde ist ja nicht ein Wert, den man erwirbt und dann lebenslang automatisch besitzt, wie etwa eine Auszeichnung oder einen Titel, sondern sie verwirklicht sich immer nur in actu, im Handeln, im eigenen oder im Handeln anderer. Gerade bei »Behinderten« wird uns das deutlich. Zur Verdeutlichung ein paar Erlebnisse »Behinderter« und solche mit ihnen.

Eine Kleinwüchsige, die es geschafft hat, sich bis zu einem angesehenen Beruf durchzuboxen — anders kann man in einem solchen Fall leider nicht sagen —, erzählt von ihrem ebenfalls kleinwüchsigen Bruder, der innerlich daran zerbrochen ist und sich schließlich das Leben nahm, weil er nicht für voll, für »normal« genommen wurde. Seine Kleinheit hinderte die Großen anzuerkennen, daß ein verstandesmäßig und innerlich voll ausgereifter Mensch vor ihnen stand. Die natürliche Achtung und Anerkennung als Mensch, die jeder von uns braucht, wurden ihm versagt. Gelächter, Verspottung, einfaches Übersehenwerden haben ihm sein Ich, an dem er von Kindheit an mühsamer als jeder Großgewachsene gearbeitet hat, geraubt. Die Verzweiflung, immer wieder neu genährt durch die Mißachtung der anderen, trieb ihn schließlich dazu, auch selbst sein Leben zu mißachten.

Was für Einsichten erwachsen uns daraus? Würde des Menschen, gerade auch des behinderten Menschen, ist immer etwas, was einerseits auf seinem eigenen Tun und Verhalten, andererseits aber auch auf der Anerkennung durch die Mitwelt beruht. Diese darf gerade dort nicht fehlen, wo ein Mensch um seine Bewährung als Mensch, um sein volles Menschwerden ringt. Anerkennung und Achtung vollzieht sich aber nicht durch gelegentliches Auf-die-Schulter-Klopfen oder ab und zu gespendetes Lob — das soll durchaus sein —, sondern durch stetiges, ganz alltägliches Hereinnehmen in unsere eigene Welt. Hereinnehmen, ja hereinziehen — nicht abstoßen. Das hält keiner auf die Dauer aus.
Die ganz kleinen, alltäglichen Schritte sind also wichtig für die Menschenwürde. In einer mittelgroßen Stadt fragen meine Frau und ich einen jungen Mann nach einer Straße, die wir nicht finden können. Mit einem Mal merken wir, wir haben einen Gehörlosen gefragt. Zugleich aber sind wir erstaunt, wie klar anschaulich er mit seiner Gebärdensprache uns den Weg erklärt. Schlägt seine rechte Hand auf den linken Ellenbogen, so heißt das links abbiegen, umgekehrt rechts abbiegen. Wir gehen in die angegebene Richtung. Dann kommen uns Bedenken. Wir fragen noch einmal einen Vorübergehenden. Er, der Guthörende, beschreibt uns den Weg genauso.- Wie wir zurückschauen, bemerken wir, daß der Gehörlose uns nachgeschaut hat, ob wir richtig gegangen sind. Da sind wir betroffen und beschämt, daß wir ihm die richtige Wegbeschreibung nicht zugetraut haben. Es war eine echte Aufgabe für ihn, uns den Weg so zu beschreiben, daß wir ihn gut finden konnten, und eine Freude, das auch zu können. Wir haben ihm diese Freude genommen, denn wir haben an seinem Vermögen, dies tun zu können, gezweifelt. Wir haben ihn tiefer eingestuft als einen Guthörenden. Wir haben seine Ehre verletzt, ihm wehgetan. So unscheinbare, kleine Geschehnisse sind es, die für unser Zusammenleben bedeutsam sind.
Ähnliches geschieht ja Tag für Tag unseren vielen Schwerhö-

rigen im Land. Es ging beim Vormundschaftsgericht um einen Pflegefall. Meine Frau als bestallte Pflegerin kümmerte sich besonders um die menschliche, ich mich um die rechtliche Seite. Als der Rechtspfleger merkte, daß ich schwerhörig war und er wegen seines schnellen und unartikulierten Sprechens manches wiederholen mußte, wandte er sich fortan nur noch meiner Frau zu. Ich war ausgeschaltet. Das ist das sich immer wiederholende Erlebnis Schwerhöriger. Sie sind so unbequeme, zeitraubende, anstrengende Gesprächs- und Verhandlungspartner. Am besten geht's ohne sie. Darf es uns wundern, daß sie, wenn sie innerlich stark genug sind, aggressiv werden, und, wenn sie innerlich labil sind, resignieren? Wieder ist's der Alltag, in dem es um die Anerkennung des »Behinderten« als Menschen geht.

Ein positives Erlebnis zum Schluß: Bei der großen Tagung des Diakonischen Werkes im Jahr der Behinderten 1981 besuchten fast alle Klassen eines nahegelegenen humanistischen Gymnasiums unseren Informationsstand »Schwerhörigenseelsorge«, auch eine Klasse von etwa 12-Jährigen. Ich sehe, wie der Klaßleiter ein kleines Mädchen auf dem Arm trägt und denke, er hat seine kleine Tochter mitgenommen, bis er das Mädchen vor dem Stand absetzt und mitten in die Schülergruppe stellt. Das Mädchen ist kleinwüchsig geblieben. Ganz selbstverständlich lassen sie die Großen vorne in die erste Reihe, ganz selbstverständlich macht sie beim Gespräch mit und ist die erste, die eine Frage beantwortet. Da ist kein Unterschied zwischen den Großen und der »Kleinen«.

Wer hat da etwas für die Menschenwürde getan? Sicher der Klaßleiter, der das Mädchen auf dem Arm durch die Ausstellung getragen hat, damit sie alles sehen, aufnehmen kann, was ihre Klassenkameraden auch sehen und aufnehmen können. Wenn der Lehrer das Mädchen aufnimmt, muß er sich zuvor zu ihm herabbücken. Nur so geht es. Damit fängt es an, »Behinderte« anzuerkennen. Aber das Aufnehmen des Mädchens ist nicht nur eine körperliche Handlung und Hilfe, sondern es bedeutet auch, es hineinzunehmen in seinen eigenen Gesichtskreis, es teilnehmen zu lassen am eigenen Sehen, am eigenen Erleben, ihm die Möglichkeit zu einem Gespräch über das Gesehene zu geben. Das ist gelebter Humanismus. Wie oft tut das eine Mutter mit ihrem kleinen Kind! Das adelt beide, den, der aufnimmt, und den, der aufgenommen wird. Und daß die Schulklasse unberührt bleibt von solchem Tun, ist wohl nicht zu denken. Es hat seine Wirkung. So wird echte menschliche Gemeinschaft.

Menschenwürde ist ein sehr hohes, fast steifes Wort. Was es meint, wird gelebt und verwirklicht in dem »durch Demut achte einer den andern höher denn sich selbst« (Phil 2,3). Gerade auch »Behinderten« gegenüber.

Eberhard Müller

Votum

In einer »Gesindeordnung der Diener Gottes« von Hermann Oeser heißt das Erste Gebot: »Du sollst auch noch andere Götter neben dir haben.«

»Menschenwürde« versteht nicht, wer dabei nur seine eigene Würde im Auge hat und verteidigt. Namentlich in der heutigen Gesellschaft mit ihren tausendfachen Verflechtungen von Rechten und Verantwortungen vollzieht sich Menschenwürde durch Teilhabe an der Gestaltung eines menschlichen Lebens. Zur Menschenwürde gehört gleichermaßen die Fähigkeit, in gewissem Rahmen Eigeninitiative und Verantwortung zu übernehmen, wie auch die Bereitschaft, sich in ein Gefüge der gemeinsamen Verantwortung zusammen mit anderen einzuordnen.

Werner Spoerl

Menschenwürdiges Sterben

Bei diesem Thema fällt mir die Geschichte vom Sterben des alten Hermesburen ein. Im Lesebuch steht sie. Als ich noch Schüler war, hat sie auf mich schon tiefen Eindruck gemacht; später, als Lehrer, habe ich das Lesestück gerne durchgenommen.

»Es war ein heißer Sommertag, als der Sensenmann auf dem Hermeshof anklopfte, um den Bur zu seinem Weibe abzuholen, das schon seit Jahren auf dem Kirchhof von Zell ruhte. Die Kinder, alle erwachsen, umstanden das Sterbelager des Vaters. Drunten im Tal arbeiteten Knechte und Mägde, um die Weizenernte heimzubringen. Drüben von der Kinzig her zog ein Gewitter dem Tale zu. Schon rollte der Donner in der Ferne.

Der Hermesbur hörte im Sterben die Stimme des kommenden Wetters und wußte, daß die Ernte drunten lag am Fuße des Hügels. ›I kann allei sterbe‹, hub der Alte zu seinen Kindern zu reden an. ›Helft ihr drunte den Völkern Garbe binde und sorgt für euer Brot zur Winterszeit! I brauch kein's meh, i wart uf de Winter drunte im Gottesacker‹.«

Dann wird ihm wunschgemäß die alte lange Flinte, »der Brummler«, aufs Fensterbrett der Sterbekammer gelegt, geladen. Die Schnur, die am Abzug hängt, nimmt der Bur in die Hand.

»›So jetzt geht hinab und helft Garben binden, und der Vater wartet auf den Tod. Wenn der kommt, zieh' i die Schnur am Brummler. Wenn ihr den im Tal drunten hört, dann kniet nieder und betet ein Vaterunser und: Herr, gib ihm die ewig' Ruh – denn euer Vater ist tot. Und jetzt behüt euch Gott! Bleibt brav, wie euer Vater und Mutter es gewesen sind!‹«

Ein dichterisches Gemälde in satten Farben angelegt; wenn Sterben immer so wäre. Diese Geschichte erzählt, daß das Sterben einmal eingebunden war in den bäuerlichen Alltag, fest verankert im Glauben der Menschen. Der Tod war nicht das absolute Ende, der Abgang ins Nichts, vielmehr ein sicherer Übergang, ein Weiter. Die Angehörigen begleiteten den Sterbenden mit ihrem Gebet hinüber. Zwar gab es auch ärztliche Hilfe, aber man wußte sehr genau um ihre Grenzen. Der Doktor erkannte, wann Freund Hein im Zimmer war.

Ich habe den Fernsehfilm »Mit Gewissenhaftigkeit und Würde« gesehen. – »Sind Sie mit der Obduktion Ihrer Leiche einverstanden?« – Eine Frage bei der Aufnahme in die Klinik. Erschütternd. »Aber, das ist doch eine ganz sachliche Frage; man muß doch schließlich an alles denken. Eigentlich stellt der Computer diese Frage...« Und dann sind die phantastischen Apparate da, die ausgefuchsten Therapie-Methoden, mit deren Hilfe die Ärzte Menschen leben und sterben lassen können, wann immer es ihnen richtig erscheint.

Humanes Sterben ist zum medizinisch-ethischen Problem geworden; mit Würde sterben zum idealisierten Nonsens.

Spätestens seit dem Zweiten Weltkrieg, als man die zerfetzten Leiber nach Millionen zählte, haben wir den Begriff von der Würde des Sterbens aus unserem Sprachgebrauch gestrichen. An die Stelle des individuellen Todes ist die Massenvernichtung getreten. Wir verstehen die klagende Bitte des Dichters Rainer Maria Rilke:

> O Herr, gib jedem seinen eigenen Tod,
> das Sterben, das aus jenem Leben geht,
> darin er Liebe hatte, Sinn und Not.

Heute stirbt man in der Klinik. »Die Angehörigen haben gebeten, nachts nicht gerufen zu werden«, teilt die Schwester dem diensthabenden Arzt mit. Der Alte wird hinausgerollt – ins Sterbekämmerchen. Allein. Todeskampf. Keine Hand, die

hält, den Schweiß von der Stirne wischt, fieberheiße Lippen mit ein paar Tropfen Wasser kühlt. Kein tröstendes Wort, keine letzte Liebkosung — nichts! Und kein Gebet, das mit hinüberführt, ein wenig hilft.
Einen Menschen allein im Kampf mit dem letzten Feind — wie der Apostel den Tod nennt — zu lassen, ihn hilflos ausgeliefert zu lassen, bis die Rentabilitätsrechnung das Abstellen des medizinischen Apparates nahelegt, das ist menschenunwürdiges Sterben. Aber es ist legal.
Menschenwürdig ist ein Sterben dann, wenn Liebe es begleitet.

Die Autoren dieses Buches

Elisabeth Baden Kopernikusstraße 17, 3100 Celle

Hausfrau

* 7. 4. 1908 in Wenden bei Braunschweig als Jüngste von elf Geschwistern. 1928-1982 verheiratet mit Pastor Friedrich Baden; fünf Kinder. Keine Ausbildung, aber ehrenamtlich fast berufstätig: 42 Jahre in der Landeskirchlichen Frauenarbeit Hannover (Referentin und Leitungskreis), 15 Jahre Beauftragte für Frauenfragen in der VELKD, 25 Jahre in der Generalsynode VELKD, 25 Jahre im Leitungsgremium der Inneren Mission Hannover. Aus ihrer umfangreichen Vortragstätigkeit sind seit 1980 mehrere Bücher entstanden.

Walter Bargatzky Saalestraße 21, 5300 Bonn

Staatssekretär a. D., Präsident des Deutschen Roten Kreuzes a. D.

* 13. 4. 1910 in Baden-Baden. Nach dem Studium der Rechtswissenschaft als Staatsanwalt und Richter tätig. Von 1950-1963 im Bundesinnenministerium; 1955 Leiter der Abteilung »Öffentliche Sicherheit«, von 1958 an zuständig für den Zivilen Bevölkerungsschutz. 1963-1966 Staatssekretär im Bundesgesundheitsministerium. Seit 1950 bereits Vizepräsident, widmete er sich von 1966-1982 als Präsident ganz der Leitung des DRK.

Ulrich Beer Osterbruchweg 2, 3100 Celle-Osterloh

Dr. phil., Diplom-Psychologe, Eheberater und Publizist

* 11. 2. 1930 in Langlingen bei Celle als Sohn eines Pastors, studierte Psychologie und Soziologie. Nach der Promotion zunächst sozialpädagogisch tätig, u. a. als Dozent an einer Fachschule für Sozialpädagogik, dann freiberuflicher Psychologe und Fachschriftsteller. Regelmäßige Mitarbeit bei Zeitschriften, Rundfunk- und Fernsehanstalten; schrieb zahlreiche Bücher.

Ernst Benda Käthe-Kollwitz-Straße 46, 7500 Karlsruhe 41

Dr. jur., Bundesminister a. D., Präsident des Bundesverfassungsgerichts a. D., Professor für Öffentliches Recht an der Universität Freiburg

* 15. 1. 1925 in Berlin. Nach Kriegsdienst und Gefangenschaft Jura-Studium, 1955 Rechtsanwalt. Arbeit in der CDU seit 1946, u. a. 1957-1971 als MdB für Berlin. 1967/68 Staatssekretär im Bundesinnenministerium, 1968/69 Bundesinnenminister. 1967-1970 Präsident der Deutsch-Israelischen Gesellschaft. Präsident des Bundesverfassungsgerichts von 1971-1983. Benda veröffentlichte eine Reihe von Büchern. Sein Beitrag ist der Vortragssammlung »Gefährdungen der Menschenwürde« entnommen.

Norbert Blüm Kölner Straße 1, 5480 Remagen

Dr. phil., MdB, Bundesminister für Arbeit und Sozialordnung

* 21. 7. 1935 in Rüdesheim als Sohn eines Kfz-Schlossers. Werkzeugmacher in einem Autowerk. Abitur und Studium auf dem zweiten Bildungsweg, Promotion 1967. Engagierter Gewerkschaftler und CDU-Mitglied. 1968 Haupt-

geschäftsführer der Sozialausschüsse der Christlich-Demokratischen Arbeitnehmerschaft, 1977 Vorsitzender der CDU-Sozialausschüsse. 1982 Bundesminister.

Alois Brems Philipp-Jennigen-Platz 5, 8833 Eichstätt

Dr. theol., Bischof von Eichstätt a. D.

* 19. 4. 1906 in Ziegelhof bei Eichstätt als jüngstes von 15 Kindern eines Bauernehepaares. Studium der Theologie und Philosophie in Eichstätt, Priesterweihe 1930, Promotion 1935 an der Gregoriana in Rom. Seit 1930 seelsorgerliche Tätigkeit in der Diözese Eichstätt, von 1968-1983 im Bischofsamt.

Otto Buchinger Forstweg 39, 3280 Bad Pyrmont

Dr. med., Chefarzt

* 19. 3. 1913 in Flensburg. Promotion 1939 in Göttingen. Leitet ein Sanatorium für biologische Therapie. Veröffentlichte zahlreiche Aufsätze in Fachzeitschriften und mehrere Bücher, vor allem über Fasten und Diätprobleme (»Heilfastenkur«).

Petrus Ceelen 7144 Hohenasperg

Gefängnis-Seelsorger

Geboren 1943 in Lommel (Belgien). Katholischer Theologe, Fachausbildung in Gesprächstherapie. Seit 1975 Seelsorger am Vollzugskrankenhaus Hohenasperg bei Stuttgart. Autor mehrerer Bücher.

Hartwig Drude Hauptstraße 51, 3170 Gifhorn

Dr. theol., Diakoniedirektor

* 1. 3. 1935 in Holzminden. Nach dem Studium der Evangelischen Theologie im Pfarrdienst, 1970 Brüderpastor im Stephansstift Hannover, seit 1976 Direktor der Diakonischen Heime in Kästorf-Gifhorn.

Helmut Frenz Wulfsdorferweg 33, 2071 Ammersbek-Holzbüttel

Studienleiter

* 4. 2. 1933 in Allenstein/Ostpreußen, aufgewachsen in Berlin. Studienfächer: Theologie und Sport. 1959-1965 Gemeindepfarrer in Schleswig-Holstein, 1965 Pastor in Chile, 1970 Bischof der Evang.-Lutherischen Kirche in Chile, 1975 ausgewiesen, 1976-1985 Generalsekretär von amnesty international, Sektion Bundesrepublik Deutschland e.V., danach Studienleiter der Evangelischen Bildungsstätte für Umwelt und Entwicklung in der Nordelbischen Kirche.

Heinz Galinski Geisenheimer Straße 35, 1000 Berlin 33

Vorsteher der Jüdischen Gemeinde in Berlin (West)

* 28. 11. 1912 in Marienburg/Westpreußen. Ausbildung zum Textilkaufmann in Berlin. Von den Nationalsozialisten zu Zwangsarbeit verurteilt und deportiert; war in Auschwitz, Buchenwald, Bergen-Belsen; Eltern und Ehefrau im KZ umgekommen. Nach dem Krieg beteiligt an der Ausarbeitung der Entschädigungs- und Versorgungsgesetze und am Wiederaufbau der Jüdi-

schen Gemeinde Berlin. Seit 1949 Vorsitzender des Gemeindevorstandes. Mitglied im Direktorium des Zentralrats der Juden in Deutschland.

Friedhelm Hasenburg Martin-Luther-Straße 5, 4400 Münster

Diplom-Sozialwirt

* 13. 5. 1929. Seit dem Ende des Studiums 1959 Geschäftsführer des Westfälischen Herbergsverbandes, Fachverband für Nichtseßhaftenhilfe im Diakonischen Werk Westfalen.

Hermann Höcherl 8411 Brennberg bei Regensburg

Rechtsanwalt, Bundesminister a. D.

*31. 3. 1912 in Brennberg als Sohn eines Landwirts. Studium der Rechts- und Staatswissenschaften; Wehrdienst. 1948 Rechtsanwalt, 1950 Staatsanwalt, 1951 Amtsgerichtsrat, 1953-1976 MdB (CSU). 1961-1965 Bundesinnenminister, 1965-1969 Bundesminister für Ernährung, Landwirtschaft und Forsten.

Joseph Kardinal Höffner Marzellenstraße 32, 5000 Köln

Dr. rer. pol., Dr. phil., Dr. theol., Kardinal, Erzbischof von Köln, Vorsitzender der Deutschen Bischofskonferenz

* 24. 12. 1906 in Horhausen/Westerwald als Sohn eines Landwirts. Studierte Philosophie, Theologie, Volkswirtschaft und Soziologie in Rom und Freiburg; Priesterweihe 1932. 1951 Professur an der Universität Münster, wo er das Institut für Christliche Sozialwissenschaft gründete. 1962 Bischof von Münster, 1969 Erzbischof von Köln. Zahlreiche Arbeiten zur Theologie und Gesellschaftswissenschaft.

Otto W. John Sichlingerstraße 11, 8820 Gunzenhausen

Pfarrer i. R.

* 23. 12. 1919 in Stedten bei Halle (Saale). Nach Kriegsteilnahme und Gefangenschaft 1948-1953 Studium der Evangelischen Theologie, dann Pfarrdienst bis 1983. 20 Jahre nebenamtlich Krankenhausseelsorge. Publizistisch und herausgeberisch tätig.

Hans-Ulrich Klose Langenfort 74, 2000 Hamburg 60

MdB, ehem. Erster Bürgermeister der Freien und Hansestadt Hamburg

* 14. 6. 1937 in Breslau. Gymnasium in Bielefeld, Jurastudium und Jugendstaatsanwalt in Hamburg. Seit 1964 Engagement in der SPD; 1972 Fraktionsvorsitzender in der Hamburger Bürgerschaft, 1973 Innensenator, 1974-81 Erster Bürgermeister.

Alfred Hans Kuby Am Mühlberg 15 a, 6753 Enkenbach

Akademieleiter i. R.

* 19. 2. 1923 in Edenkoben. Als Soldat in Afrika, als Kriegsgefangener in Amerika. 1946-1951 Studium der Evangelischen Theologie, dann Gemeindepfarrer. Von 1968-1986 Leiter der Evangelischen Akademie Speyer.

Karl Martin Hubertusstraße 55 a, 8012 Ottobrunn

Dr. theol., Militärpfarrer

* 9. 3. 1945 in Genthin bei Magdeburg. Studium der Evangelischen Theologie. 1972 Gemeindepfarrer, seit 1977 Pfarrer an der Hochschule der Bundeswehr in Neubiberg.

Eberhard Müller Kornbergweg 21, 7325 Bad Boll

Dr. phil., Dr. theol. h. c., ehem. Leiter der Evangelischen Akademie Bad Boll

* 22. 8. 1906 in Stuttgart. Nach dem Theologiestudium zunächst Studentenpfarrer in Tübingen. Von 1940-1945 Kriegsteilnahme, zunächst als Soldat, von 1942-1945 als Wehrmachtsgeistlicher im Osten. 1945 Gründung der ersten Evangelischen Akademie in Bad Boll, deren Leiter bis 1971. Auch als Buchautor hervorgetreten (»Die Kunst der Gesprächsführung«).

Rainer Offergeld Sudetenstraße 14, 7890 Waldshut-Tiengen 2

Oberbürgermeister, Bundesminister a.D.

*26. 12. 1937 in Genua als Sohn eines Industriekaufmanns. Nach dem Studium der Rechtswissenschaften und der Volkswirtschaft im Justizdienst und in der Steuerverwaltung. SPD-Mitglied seit 1963, ab 1969 MdB. 1972 parlamentarischer Staatssekretär im Bundesministerium für Wirtschaft und Finanzen, danach stellvertretender Vorsitzender des Finanzausschusses im Bundestag. Von 1978 bis 1982 Entwicklungsminister. Seit 1983 Oberbürgermeister der Stadt Lörrach. Sein Beitrag ist dem Buch »Entwicklungshilfe — Abenteuer oder Politik?« entnommen.

Nina Rauprich Auf dem Graben 18, 5042 Erftstadt-Lechenich

Schriftstellerin

* 20. 2. 1938 in Bielefeld. Ausbildung als technisch-landwirtschaftliche Assistentin in Göttingen, dann Schauspielunterricht bei Hilde Körber in Berlin. Bis 1965 Tätigkeit an verschiedenen Bühnen und beim Fernsehen. Nach der Heirat 1963 Hausfrau und Mutter; drei Kinder. Seit 1975 freie Schriftstellerin (Schwerpunkt Kinderbuch).

Luise Rinser I-00040 Rocca di Papa, Prov. Roma

Schriftstellerin

* 30. 4. 1911 in Pitzling/Oberbayern. Studierte Pädagogik und Psychologie und war einige Jahre Lehrerin. 1941 Publikationsverbot, 1944 Gefängnis wegen Widerstands gegen das NS-Regime; Todesurteil nicht mehr ausgeführt. Zehn Jahre Literaturkritik, dann freie Schriftstellerin (Roman, Novelle, Essay). Als engagierte Katholikin wandte sie sich wiederholt gegen restaurative und antidemokratische Tendenzen in der Bundesrepublik. Ihr letztes Buch: Wer wirft den Stein. Zigeuner sein in Deutschland. Eine Anklage (1985). Ihr Beitrag ist dem »Gefängnistagebuch« entnommen.

Walter Scheel Lindenallee 22, 5000 Köln-Marienburg

Alt-Bundespräsident

* 8. 7. 1919 in Solingen als Sohn eines Stellmachers. Banklehre in Solingen. Nach dem Kriegsdienst 1939-1945 Tätigkeit als Wirtschaftsberater und Verbandsgeschäftsführer. 1946 Eintritt in die FDP, MdB von 1953-1974, Bundes-

vorsitzender von 1968-1974. 1961-1966 Bundesminister für wirtschaftliche Zusammenarbeit, 1969-1974 Außenminister und Vizekanzler, 1974-1979 Bundespräsident. Mitverfasser der Freiburger Thesen der Liberalen; Verfasser mehrerer Bücher.

Matthias Scherzer Sichlingerstraße 11, 8820 Gunzenhausen

Student

* 1. 7. 1966 in Gunzenhausen/Mittelfranken. 1986 Abitur am Simon-Marius-Gymnasium Gunzenhausen, danach Praktikum zum Studium der Theologie.

Joseph Schupack Unterlindau 87, 6000 Frankfurt

Kaufmann

Geboren 1922 in Radzyn/Polen. Verbrachte seine Kindheit und Jugend in einer traditionell jüdisch-zionistischen Familie; erlebte 17-jährig den Untergang dieser Welt und die Ausrottung seiner Volksgemeinschaft, die Verschleppung und Ermordung der Geschwister, Eltern und Freunde; er selbst überlebte als KZ-Häftling in Majdanek, Auschwitz, Dora-Nordhausen. Nach der Befreiung aus Bergen-Belsen blieb er 1945 in der Bundesrepublik. Sein Beitrag wurde dem Bericht »Tote Jahre. Eine jüdische Leidensgeschichte« entnommen, den er 40 Jahre später aus der Erinnerung niederschrieb.

Rudolf Schwarz Thannhausen 1, 8821 Pfofeld

Dekan i. R.

* 28. 5. 1910 in Nürnberg. Studium der Evangelischen Theologie, im Krieg Divisionspfarrer, 1947 Pfarrer in Bad Steben, 1963 Dekan in Pappenheim, 1970-1982 Landeskirchlicher Beauftragter für Schwerhörigenseelsorge, seit 1978 im Ruhestand. Publizistisch tätig.

Aart H. van Soest Paul-Lechler-Straße 24, 7400 Tübingen

Dr. med., Arzt

Geboren 1928 in Utrecht/Niederlande. Nach dem Medizinstudium von 1955-1965 als Missionsarzt in Indonesien, Ghana und Nigeria. Seit 1966 am Paul-Lechler-Krankenhaus des Deutschen Instituts für Ärztliche Mission (DIFÄM) in Tübingen; ärztlicher Leiter der Klinik.

Werner Spoerl Albert Schweitzer-Straße 29, 8820 Gunzenhausen

Pädagoge, Journalist

* 1. 9. 1926 in Wettelsheim/Altmühlfranken. Abitur 1944. Nach Kriegsdienst und Gefangenschaft Ausbildung zum Volksschullehrer und psychologischen Jugendberater. Bis 1964 an einer Volksschule unterrichtend tätig. Dann Studium: Religionspädagogik und Deutsch für höhere berufsbildende Schulen. Unterricht an einer Berufsschule. Seminarleiter für Religionspädagogik, Dozent an der Fachakademie für Sozialpädagogik im Diakonissenmutterhaus Hensolthöhe in Gunzenhausen. Journalist, Redaktionsmitglied zweier Zeitschriften.

Richard Stücklen Eichstätterstraße 27, 8832 Weißenburg

MdB, Vizepräsident des Deutschen Bundestags, Bundesminister a. D.

* 20. 8. 1916 in Weißenburg/Bayern als Sohn eines Schlossermeisters. Erlernte das Elektrohandwerk, danach Studium der Ingenieurwissenschaften. 1940-1944 Wehrdienst, danach im elterlichen Betrieb. 1945 Eintritt in die CSU, MdB seit 1949. 1957-1966 Bundesminister für das Post- und Fernmeldewesen, 1976-1979 Vizepräsident des Deutschen Bundestags, Bundestagspräsident von 1979-1983; amtiert seitdem wieder als Vizepräsident.

Dieter Voll Johann-Flierl-Straße 25, 8806 Neuendettelsau

Dr. theol., Rektor

* 25. 9. 1929 in Traunstein. Studium der Evangelischen Theologie, 1954 Gemeindepfarrer, 1959 Studieninspektor am Predigerseminar Bayreuth, 1962 Pfarrer in Würzburg, zugleich Studentenpfarrer und Lehrbeauftragter an der Pädagogischen Hochschule Würzburg. Seit 1968 Rektor des Evangelisch-Lutherischen Pastoralkollegs Neuendettelsau.

Matthias Walden

Journalist

* 16. 5. 1927 in Dresden. Dort Zeitungsredakteur ab 1947. In Berlin von 1950-1956 Redakteur und Kommentator beim RIAS, von 1956/57 an Chefkommentator/Chefredakteur des SFB. 1979 Wechsel zum Springer-Verlag; seit 1981 Mitherausgeber der Tageszeitung »Die Welt«. Er starb am 17. 11. 1984 in Berlin.

Martin Walser Zum Hecht 36, 7770 Überlingen

Dr. phil., Schriftsteller

* 24. 3. 1927 in Wasserburg/Bodensee als Sohn eines Gastwirts. Nach dem Wehrdienst Studium der Literaturwissenschaft, Philosophie und Geschichte, Promotion 1951. Von 1950-1957 Funk- und Fernsehregisseur beim Süddeutschen Rundfunk. Schon sein literarischer Erstling (»Ein Flugzeug über dem Haus«, 1955) wurde mit dem Preis der Gruppe 47 ausgezeichnet. Lebt seit 1957 als freier Schriftsteller am Bodensee. Mitglied der Deutschen Akademie für Sprache und Dichtung. Der hier abgedruckte Text wurde dem Buch »Die Würde am Werktag« entnommen.

Karl Weishäupl Mitteisstraße 19, 8000 München 45

Staatssekretär a. D., Präsident des Verbandes der Kriegs- und Wehrdienstopfer, Behinderten und Sozialrentner

* 25. 6. 1916 in Rosenheim als Sohn eines Rechtsanwalts. 1938-1945 Wehrdienst, dann Referent für Versehrte des Bayerischen Roten Kreuzes. SPD-Mitglied seit 1950, MdL von 1950-1974. 1954-1957 Staatssekretär im Bayerischen Ministerium für Arbeit und soziale Fürsorge. Studium der Rechtswissenschaften in München 1956-1959. Seit 1974 Präsident des VdK.

Matthias Wissmann Am Zuckerberg 79, 7140 Ludwigsburg

Rechtsanwalt, MdB

* 15. 4. 1949 in Ludwigsburg. Studium der Rechtswissenschaften und Politik. Trat 1965 der Jungen Union bei, 1968 der CDU. Von 1973-1983 Bundesvorsitzender der JU. Seit 1976 MdB; wirtschaftspolitischer Sprecher der Unions-Fraktion.